企业管理创新研究丛书

总主编：王成慧

企业改革的演进与逻辑
Evolution and Logic of Enterprise Reform

周泽信 著

图书在版编目（CIP）数据

企业改革的演进与逻辑/周泽信著 . —北京：经济管理出版社，2015.12
ISBN 978-7-5096-4117-0

Ⅰ.①企… Ⅱ.①周… Ⅲ.①企业改革—研究—中国 Ⅳ.①F279.21

中国版本图书馆 CIP 数据核字（2015）第 299608 号

组稿编辑：王光艳
责任编辑：许　兵
责任印制：黄章平
责任校对：王　淼

出版发行：经济管理出版社
　　　　　（北京市海淀区北蜂窝 8 号中雅大厦 A 座 11 层　100038）
网　　址：www.E-mp.com.cn
电　　话：（010）51915602
印　　刷：北京九州迅驰传媒文化有限公司
经　　销：新华书店
开　　本：720mm×1000mm/16
印　　张：11
字　　数：211 千字
版　　次：2016 年 3 月第 1 版　2016 年 3 月第 1 次印刷
书　　号：ISBN 978-7-5096-4117-0
定　　价：48.00 元

·版权所有　翻印必究·

凡购本社图书，如有印装错误，由本社读者服务部负责调换。
联系地址：北京阜外月坛北小街 2 号
电话：（010）68022974　邮编：100836

《企业管理创新研究丛书系列》
编委会

总主编 王成慧
顾　问 计金标
编委会成员（以姓氏排序）
　　　　　　陈　倩　范　军　郭　斌　黄少敏
　　　　　　姜　凌　李　凡　骆欣庆　牛越胜
　　　　　　欧海鹰　唐开康　王成慧

自 序

1978年末，适逢中国改革开放，本人进入了高等财经院校任教。得到我国著名商学教授夏光仁、高涤陈等先生指点，在学校组织、友人、同事提携相助之下，专事我国商业、商业企业、商务管理专业的教学、研究至今。校内曾任职商业经济系主任、研究生部主任。校外曾任中国商经学会理事、国家自然科学基金管理科学部评委、商业部统编教材编委会委员。现为全国高校商务管理研究会顾问。

本书收集了本人自20世纪80年代初至今公开发表的论文三十余篇。内容归为三个部分，即我国传统商业的历史演进与改革思路；我国商业企业的改革逻辑与经营战略；对我国高校商学院的管理学、商务管理学课程和学科建设的一些思考。

静思复忆，本文集所辑文章，是当年日日夜夜殚精竭虑之作，然由于本人功底不厚、知识不宽，虽经努力，亦不可补学识不深之弊，致部分论文价值平平。倘如书中某些文章有些价值，实为借师友与同仁之力矣。

本文集出版，得到北京第二外国语学院国际商学院企业管理重点建设学科的资助，在此深表谢意。

文集出版前的总筹、整理分别得到北京第二外国语学院商学院王成慧教授、南开大学博士后李奕副教授的无私相助。借此深表谢意。

周泽信
2015年10月24日

目 录

上篇　中国商业的历史演进与改革路径

谈谈化工商品市场的调查和预测 …………………………………… 3
浅谈当前稳定农副产品收购价格的必要和可能 …………………… 8
蠡县腈纶专业市场的产生与发展 …………………………………… 14
试论买方市场中工业消费品的商品采购 …………………………… 20
市场经济是由生产社会化内在矛盾决定的 ………………………… 24
我国城市零售行业市场化进程中的业态结构 ……………………… 29
我国国有批发业的变革与发展 ……………………………………… 34
我国市场化进程中的零售业态及其结构 …………………………… 39
"入世"对批发商业的影响及对策研究 …………………………… 45

中篇　中国商业企业的改革逻辑与经营战略

试论商业企业经营决策的指导思想 ………………………………… 51
商业企业经营管理系统初探 ………………………………………… 56
商业企业经营管理系统初探之二
　——论系统的协调与控制 ………………………………………… 61

必须坚持经济效益与社会效益统一
　　——供销社实行经营承包责任制应注意的几个问题 …………… 65
企业经营与管理的内涵及其关系 ……………………………………… 71
正确运用激励原则调动职工积极性 …………………………………… 78
从系统内主客体关系谈外部环境对企业行为的影响 ………………… 84
企业文化的价值导向与职工积极性的调动 …………………………… 89
提高商业服务质量是商业劳动特殊性的要求 ………………………… 95
国营商业企业经营机制转换中的障碍 ………………………………… 97
服务质量的管理与环境的协调 ………………………………………… 101
市场经济与企业文化中的价值观 ……………………………………… 104
价值导向中理想性与现实性的统一 …………………………………… 109
市场经济体制下的企业组织和管理 …………………………………… 115
市场经济与企业文化的价值观 ………………………………………… 120
传统商贸企业在新环境里的业态选择 ………………………………… 125

下篇　商务管理的思考

企业商业模式及其运行机制的探讨 …………………………………… 129
论商务与商务管理及其演进的历史逻辑 ……………………………… 139
论科学管理的制度价值 ………………………………………………… 150
怎样写好毕业论文 ……………………………………………………… 159
施教之功　贵在引导
　　——MBA《管理学》课程教学体会 ……………………………… 165

上篇
中国商业的历史演进与改革路径

谈谈化工商品市场的调查和预测

我国商业部门所经营的化工商品由化工原料、油漆原料、染料三大类商品组成。它们主要是化工生产资料，不像生活消费品一样为人们所熟悉，但却非常重要。对于工业来说，化工商品是主要的原料，特别是纺织、印染、农药、化肥、化工、冶金、造纸、医药、机械加工等。对于人民生活来说，化工商品直接用于消费品的较少，但间接的应用却很广泛。例如：做小小的衣服纽扣要用电玉粉；化妆品、洗衣粉、肥皂都离不开化工原料；书籍、报刊的印刷要使用各种颜色的油墨；电视机荧光屏、收音机磁性天线的制造也不能没有化工商品；自行车、缝纫机、家具之类消费品不能不用油漆美化和保护；糖果、糕点、汽水需要香精，人们的衣着就更不能离开染料了。化工商品几乎深入人们日常生活的每一个角落。化工商品是我国社会主义商业经营中的一类重要商品。化工商品市场也是我国社会主义市场的一个主要组成部分。化工商品企业一定要做好化工商品的经营工作。

过去多年，工业由于存在着为生产而生产，商业由于存在着"统购包销"等问题，不顾市场需要盲目生产、盲目收购，造成化工商品市场内商品多的多、少的少。一些重点商品始终是"供不应求"。化工商业企业看惯了顾客的笑脸，听惯了顾客请求供货的好话，不用下功夫去搞市场调查，也照样可以做买卖，因而认为"做买卖好"。如今不同了，自市场调查开展以来，化工商品市场也发生了深刻的变化：第一，"调整"的方针贯彻后，许多化工商品的产销状况发生了变化，过去收购的不符合市场需求的商品销不出去，甚至过去收购的"短线产品"也呆滞了，许多化工商业企业库存过大、周转失灵。例如硫磺块，过去是计划二类物资，一直是"短线"，但目前农药生产量降低后，硫磺也就成了非紧张商品了。在商品供求关系的变化上出现了过去难以想到的情况。第二，随着市场调节的加强，出现了贸易货栈、生产资料市场、批发市场、展销会、工业自销、厂与厂直接挂钩等购销形式，多渠道进入化工商品市场，打破了商业独家经营的局面，市场活跃了。同时，行政界限已被打破，环节也减少了，用户可以择优购货,缺乏有竞争能力的地区市场缩小,压力越来越大。例如,石家庄地区化工二级站的硫酸钾,过去统销全省,用户没有选择的余地,如今用户直接选择物美价廉的供货单位后石家庄二级站的硫酸钾库存越来越大,没办法,只得降价。第三,工业发达地区由于化工产品成本低、质量好,为了推销自己的产品,占领别人的市场,就采取降价的手段,造成工业落后的地区化工产品积压。例如,硫酸铝的零售价是每吨300元,外省挤进河北省市场,以每吨200元价格出售,而河北省的生产成本是220元,无法与人竞争,只好成万吨地积压在仓库里。所有这些都是市场调节、竞争机制发展发挥作用后化工商品市场出现的新情况。于是,化工商业企业一致感到"买卖难做了"。

过去经营化工商品,不注重市场的状况,如今客观上已将每一个化工商业企业与化工市场紧紧地连在一起了。严格地说,化工商品市场的兴衰可以直接决定化工商业企业的命运了,一种无形的压力迫使企业不得不正视市场这个现实了。每一个企业管理者再不能依照过去"官商"作风来管理企业了,而必须依据市场的状况来协助工业组织生产,按照市场的状况来组织收购,针对用户的需要来组织销售。化工商业企业要想及时地了解市场的动态,就必须加强市场调查和预测。这样才能在错综复杂的商品供求变化中找出影响经营的因素,摸清情况,查明原因,有的放矢地解决存在的矛盾,才能做到心中有数,做出正确的分析和判断,制定经营方案和政策,使企业在竞争中发展壮大。

化工商品市场属于生产资料市场,它的需求变化有自身的特点,很多地方不同于生活消费品市场。因此,要做好化工商品的市场调查和预测,必须针对化工商品市场的特点。根据一些化工商业企业的经营实践,化工商品市场的调查和预测,应从以下几个方面入手。

一、密切注意工业生产企业工艺改革的动向

在市场竞争中,工业生产企业为了推销自己的产品,占领市场主要的就是不断更新自己的技术,改革生产工艺,以降低成本、提高质量。过去工业盲目追求指标,不问市场需求,没有改革工艺的内在动力。目前,在市场竞争中,产品由"以产定销"转向"以销定产",生产企业受到了市场竞争的压力,提高技术水平,改革工艺就成了迫切任务了。对于工业企业中出现的这种新情况,化工商业企业在经营中一定要密切注意,加强调查,把握住市场内的工业企业短期内的和较长期内可能发生的有可能影响到化工商品市场内商品供求关系发生变化的工艺改革。根据调查分析判断市场将受到影响的程度。例如,目前自行车电镀工艺师采用在工件上先镀一层铜锡合金,然后镀一层铬,两道工序需要原料氢化亚铜、锡酸钠、铬酸酐。据对自行车市场竞争动向的分析,有些新厂为了打开本厂自行车销路与名牌货抗争,有可能改革电镀工艺,提高电镀质量。采用镀铜、镀镍、镀铬三道工序,需用原料氢化亚铜、锡酸钠、铬酸酐。随着这种工艺改革,就出现了硫酸镍的潜在市场。

二、要善于观察和抓住影响"长线"和"短线"化工产品间相互转化的各种因素

市场供需之间的矛盾,由于受各种因素的影响而经常发生变化,总是处于一种不平衡的状态之中。化工商品市场也同样会经常出现畅销商品与滞销商品、"长线商品"与"短线商品"之间的转化。一般来说,摸清影响这种转化的因素是不容易的,但是富有经验的管理人员,只要有竞争眼光,对市场反应机敏就可以抓住影响市场变动的一些因素,分析、判断它们将会给市场带来的影响和影响的程度,及早做出预测,防患于未然。例如前些年农业生产中搞瞎指挥,生产队没有自主权,小氮肥厂林立,国家将大量碳酸氢铵卖给农民(农民称之为"气肥"),造成生产碳酸氢铵的触媒原料碳酸钾供不应求。近两年生产队有了自主权,对农业生产成本精打细算,质次价高效果差的"气肥"销路狭窄,随之小氮肥厂需要的碳酸钾由"短线"变成了"长线"。这个事例说明党的农业经济政策对化工商品市场发生了影响。那么碳酸钾这个商品,在三五年之后,是否还会销路大增呢?设想我国大氮肥厂如果不能继续扩建;设想我国将紧缩外汇少进口化肥;设想小氮肥厂努力提高质量、降低价格、改进包装;设想党的新农业政策将使农民更快富起来;设想农业将有一个更大的发展;等等。我们判断碳酸钾有可能销路大增。究竟要增大多少,这就需要我们对以上这些影响因素进行综合分析,根据调查的资料,做出预测。

三、注意日用生活消费品市场的变化给化工商品市场带来的影响

生活消费品市场和生产资料市场是有机地联系在一起的,它们共同存在于市场内,互相影响,互相制约。化工商品中有很大一部分是作为原料提供给生产生活消费品的工业的。因此,当生活消费品市场发生变化时就必然影响到化工商品市场。例如:"文化大革命"中,人们衣着色调单一,染料商品市场也就随之变化。在互相影响过程中,化工商业企业必须争取主动,时刻顶住生活消费品市场可能发生的变化,做好生活消费品市场需求变化的市场调查和预测。

生活消费品市场的变化频繁而迅速,这是我们应该注意的。一旦生活消费品市场出现新的情况,我们就要分析它是否会影响到化工商品市场,如果影响到了,那么影响的程度如何,影响的时间如何,根据对生活消费品市场的调查做出分析和预测。

四、注意做好化工商品市场内重点生产企业和重点用户对商品供求变化趋势的分析

化工商品市场与农产品市场及生活消费品市场有许多迥然相异之处。其中很重要的一点就是市场集中。化工商品市场多集中于工业发达地区,如上海、天津、沈阳、武汉等大城市;一个地区的化工商品市场往往由几个、十几个、数十个大型工业生产企业所支配,它们形成该市场内的重点生产户、消费户。天津永利碱厂生产的"红三角"牌纯碱就支配了天津市纯碱市场。天津市的油漆、染料也同样如此。

化工商品市场的集中,化工商品市场内大企业的集中为我们做好市场调查和预测创造了有利条件,我们只要将市场内重点消费厂的生产计划调查清楚,依据产品消耗定额,就能较准确地测算出它们在一定时期所需的化工商品的种类和数量,商业企业就可以根据这几个重点用户的需要量测出整个市场的需求量。再根据这个需要量协助工业安排生产,就可以基本上做到按需生产。

五、要注意基本建设项目,特别是化学、纺织、印染、轻工等基建项目的扩大和压缩对化工商品市场的影响

工业战线基本建设的扩大和缩减都将对工业品市场产生影响,建设周期的完成就意味着新的工业企业进入工业品市场。牵涉到化工产品的,就必须有新的企业进入到化工商品市场。因此,我们必须对将影响到化工商品市场的基建项目做好调查,要经常保持与中央有关部门、部委;与省、市有关部委、部局;与地方有关部委、部局的密切联系。对正在建设的、即将竣工的、计划投资可能影响到化工商品市场的项目,要调查清楚它们工程的进度、竣工日期、投产日期、工程的规模、何时进入化工商品市场。根据以上调查,结合其他因素,例如动力的供应,运输的条件,人才的配备等,对进入化工市场后,将对哪些化工商品、对化工商品市场内的商品结构产生什么样的影响以及影响的深度等做出预测。

六、做好化工商品市场中民用商品部分的市场调查和预测

化工商品中直接用于人民生活的只占很小一部分,但不可低估它对化工商品市场的影响,人民直接按消费的化工商品主要是食用纯碱、瓶装油漆、袋装染料、小包装香精、摄影材料等,它们都和人民日常生活有着密切关系,而且随着今后人民生活水平提高速度加快,这几种商品的需要也将随之扩大。例如:摄影已是人民美化和丰富生活不可缺少的活动,随着这种精神生活需求的增强,要求我们注意做好人民群众对摄影材料需求增长幅度的调查。其他民用商品也同样如

此。对于人民生活需求的化工商品切不可忽视，一定要根据各种可能影响到民用商品需求变化的因素，根据调查到的需求资料，分析一定时期内可能出现的变化，及时做出预测。

以上所谈的是在实际经营业务中影响着化工商品市场的几个主要方面，掌握这些不等于就做好了化工商品市场的调查和预测，除注意上述几方面外，还必须做好市场行情、社会购买力投向市场内各竞争对手的实力，市场内用户的消费习惯和消费心理，其他商品市场对化工商品市场可能产生的影响等调查。根据这些调查所占有的第一手资料，再根据本企业历史上购、销、调、存的情况，以及本企业在化工商品市场中的实力地位，运用长期积累起来的实际业务经验，将市场中所反映的信息进行综合，集思广益，做出预测。只有这样，才能在计划调节指导下，充分发挥调节的作用，将化工商品的买卖做好，促进化工商品市场的发展，促进工业的发展，满足人民生活的需要。

（本文发表于《河北省1980年经济学年会论文选》，作者周泽信、刘泰来）

浅谈当前稳定农副产品收购价格的必要和可能

党的十一届三中全会以来,党中央通过调整农业内部的生产关系,大幅度提高农产品收购价格,提高粮、棉、油超购加价幅度以及恢复农副产品的议购议销政策(以下简称"大幅度提、加价"),使全国农产品收购价格水平比1978年提高了22.1%,到1982年,仅仅四年时间我国农民就从提、加价中多收入了500多亿元,农民生产积极性空前高涨,农业生产出现了欣欣向荣的局面,农民生活开始走向了富裕。

实践证明,大幅度提、加价对于提高农民生活水平、发展农业生产、改善市场供应及促进国民经济的好转都起到了预期的作用。但是,由于在短时间内大幅度提、加价,使消费基金突然增高,在劳动生产率没有同步提高的情况下,势必会影响到市场物价的稳定、影响到国家财政收支平衡,影响到国家经济中积累与消费的比例关系。为了保证我国国民经济调整与改革的顺利进行,我们认为目前应当稳定住农副产品的收购价格。

一、稳定农副产品收购价格的必要

首先,农民消费基金增长速度已经高于农业生产发展速度。1982年与1978年相比,我国每个农民的平均收入增长了一倍,而同期内农业生产总值增长了33.4%,货币收入的增长同物质财富的增长显然不成比例。这就是说,农民收入的增长大大超过了农业生产的发展和劳动生产率的提高,是建立在非物质基础上的。近几年农民收入提高的很大一部分是从国民收入的再分配中得到的。据统计,目前我国每个农民每年从提价、加价中多得20多元,八亿农民就是200多亿元,1979~1982年,在新增加可分配的国民收入中,农民所得约占66.2%。这种情况是过去没有的,它导致了国家财政收入占国民收入的比重由1979年的31.9%下降到1982年的25.52%。如果继续提高农副产品收购价格,扩大农民消费基金,那么势必会把新增加的国民收入分光、吃光,还拿什么搞建设呢?因此，当前必须稳定农副产品收购价格，适当控制住当前农民消费基金扩大的势头，坚决贯彻陈云同志提出的"一要吃饭，二要建设"的正确方针，把农民消费基金的扩大建立在农业生产发展的基础上，使农民消费基金的增长与农业生产发展保持一个适当的比例。

其次，农副产品大幅度提、加价加重了国家财政负担。大幅度提、加价，农民虽然增加了收入，但是却亏了国家，因为国家为了保障城镇居民生活，必须保持零售价格的稳定。为此，国家实行了价格补贴，导致财政负担的加重。据统计，1978 年国家对粮、棉、油生活资料及农业生产资料价格补贴的总和是 77 亿元；1981 年价格补贴已高达 321 亿元；1982 年价格补贴已支出 330 多亿元，仅粮、棉、油的价格补贴和超购加价就达到 170 亿元。这是相当可观的一笔数字，据了解，1981 年我国财政收入是 1074 亿元，价格补贴占了全部财政收入的 30%。经验证明（苏联是 10%，匈牙利是 20%，波兰是 40%）财政补贴过大会造成国家经济难以承受的压力。

毋庸置疑，党和国家为了改善人民生活，提高农副产品收购价格及实行价格补贴是必要的，但是现在看来大幅度地提高农副产品收购价格，又实行购销价倒挂，这是超越国力所允许的，这一点我们必须清醒地认识到。因此，不能够再指望在较近一段时间内仍然靠提高农副产品收购价格来改善农民生活，否则，会使消费基金增长失控，使国民经济中最基本最主要的积累与消费的比例在调整中功亏一篑，导致新的不平衡。

再次，农民手中货币量大幅度增加，已经给国内市场造成了压力。消费基金的增长应当同消费资料的增长相适应，以保证农民收入增长后能购到需要的生活资料和生产资料，否则，消费基金的增长会失去物质基础，使农民收入不能得以实现。近几年国家下决心压缩了基本建设，发展了轻纺工业，在生活资料方面基本上满足了农民的需要，但是自去年以来，农民从粮、棉、油超购加价的利益中看到了扩大再生产的好处，纷纷将购买力投向化肥、农药、农业机械、柴油等生产资料方面，使生产资料供应出现了紧张局面。例如农民目前反映买建筑材料难，买化肥农药难，买小型拖拉机难，买柴油难等，就是农民迅速增长的购买力与市场商品可供量出现不平衡的一种反映。于是在我国农村市场上出现少数投机倒把分子高价倒卖紧俏工业品；还有本来是平价供应的农药、化肥、柴油等商品也作为议价出售；还有少数物资供应部门及地方干部将计划供应商品"开后门"据为己有，农民却买不到、见不到。这个问题的出现一方面说明我们应加强农村生产资料市场的管理，但另一方面也要看到问题的根本原因仍在于生产资料商品的发展跟不上农民购买力的提高，是商品可供量与购买力出现缺口所造成的。如何弥补这个缺口？根本是在发展生产上，但是发展农业生产资料不是一蹴而就

企业改革的演进与逻辑

的，目前我国原材料和能源的供应价值状况不会很快改善，交通运输管理也不会很快改善，加之工业企业经济效益不高，设备陈旧、技术落后等，都会制约农业生产资料的迅速发展。因此，要弥补这个缺口，解决这个矛盾，也必须在目前控制农村货币流通量的继续增长。陈云同志1962年曾说过："农民高价出售的农副产品所得到的钞票如果不想办法换回来，农民手里的钞票越来越多，就有农民不愿意继续向国家出售农副产品的危险。"因此，当前稳定农副产品收购价格有计划地控制农村货币流通量，努力使农民购买力与商品可供量的增长相适应，对于稳定农业生产资料价格，保证农民收入能得以实现是有着重要意义的。

又次，短期内大幅度提高农副产品收购价格，已经影响了国内市场物价的稳定。我们知道价格是价值的货币表现，价格主要受价值规律和供求规律影响，但是目前在我国经济仍处在调整、改革时期，计划价格还未完全科学地建立在价值规律基础上时，国家制定的计划牌价往往在市场物价水平上起着重要的作用。特别是一些骨干商品，又是轻纺工业的重要原料，它的价格水平是国内物价体系一个重要基础，大幅度提高它的收购价格，尽管采取购销价倒挂、价格补贴的措施，也不可能完全保持住市场物价的稳定。例如，1979年国家提高八种副食品零售牌价之后，虽然对职工实行了价格补贴，但是却影响了其他一百多种商品的提价，直接影响了市场物价的稳定。据统计，河北省市场物价指数1979年比1978年提高14%，1980年又比1979年提高7.2%，统算下来，1981年比1978年上升12.5%。为此，河北省城镇居民一年多付出1981元，扣除国家补贴60元，仍要多付出70元以上。再从全国的数字看，1952年至1957年，物价指数平均每年上升1.7%；1960年至1962年困难时期，物价指数上升10%左右；而1980年的物价指数比上年上升6%，其中副食品价格上涨13.84%。这些数字说明大幅度提高农副产品收购价格必然会影响到市场物价的稳定。物价的不稳，致使刚刚因提高工资而生活水平有所提高的职工又受到了影响，因而职工群众对市场物价出现不稳定的反应是十分强烈的。还有，大幅度提、加价后，水涨船高，议购议销价格和集市贸易价格也随之上升。例如，1982年末，国内集市贸易的苹果价格高达每斤一元，甚至一元多，柑橘的价格也维持在每斤一元以上，超过了每斤猪肉的价格，这是新中国成立以来未有过的情况。蔬菜、水产品等亦有类似情况。虽然此后有所缓和，但是应该考虑到这在人民群众的心理上已造成了一种紧张的情绪，该是引起我们注意的时候了。在这里顺便提一点，如果市场物价不能在短期内稳定住，那么城镇企业乱发奖金和津贴也是难以控制住的，势必造成消费基金在国家计划外盲目增长，其结果购买力继续增长，而物质资料供应受积累基金减少的影响而不能迅速增长，物价仍要上涨，这是不以个人的意志为转移的客观规律。因此，要稳定住市场物价，首先必须稳定住农副产品的收购价格。

最后，农副产品提、加价政策在执行中仍存在一些需待解决的问题。其一，征购基数的确定存在不平衡。例如，棉花征购基数在新老棉区出现不均。据有关部门统计，1981年平均每组皮棉结算价格，湖北、上海、江苏为150多元，而新棉区的山东、河北近200元，高低之差达40元。造成种植同种作物不同地区的苦乐不均。其二，农副产品内部收购比价不尽合理。目前粮食作物价格偏低，经济作物价格偏高。例如，江苏省平均每亩粮食获利18元，而种植棉花却能获利70元。造成相同生产条件下种植不同作物的苦乐不均。其三，由于各地农副产品商品率不等，超购加价、议价幅度有大有小，造成苦乐不均。例如，一个农民从提价、加价中所得收入，黑龙江省为42元，山东省为23元，江苏省为29元，而边远省份则不到10元。因此，现在应该抓紧在调查研究的基础上提出今后调整价格的意见。

二、稳定农副产品收购价格的可能

1978年之后，党中央之所以决定大幅度提高农副产品收购价格、超购加价、扩大议销范围，其主要目的是要缩小工农产品"剪刀差"，使农副产品价格水平在补偿了物质消耗和活劳动消耗后，能获取一定量的纯收入，从而改善农民生活，调动农民生产积极性，促进农业生产发展，下面我们从这个目标的实现来谈稳定农副产品收购价格的可能。

第一，农民货币收入迅速增加，生活已得到明显改善。

其一，从农民收入的绝对数字来看。全国农民平均每人纯收入1978年为133.57元，1981年为203.89元，1982年则增加到270.11元。四年间，农民纯收入增加一倍，物质文化生活有了明显改善，主要表现在：农民平均每人生活费支出1982年为220.23元，比1978年的116.06元增长90%；收入300~500元的农户所占比重由1979年的6.5%，上升到29.5%。总的趋势是"穷的变富、富的更富"；1982年末平均每人手存现金和存款49.71元，是1978年的2.7倍；吃粮平均每人达520斤，细粮占多数，衣着费用也增加一倍，各种耐用消费品明显增加；住房面积平均每人已达10平方米以上。

其二，与职工生活水平相比，差距明显缩小。1982年城镇职工家庭平均每人收入是410元，但实际差距不足140元。因为：以1980年为例，每个农业劳动力赡养2.63人，高出每个职工赡养人口0.8人，多负担43.7%。如果每个农业劳动力负担和工人一样，农民的收入应该是387.99元，只比职工差22元；农民商品性支出占56%，职工是100%，因此从同样实物的获得所要付出的货币量来比较，农民要比职工低。例如每人消费口粮以500斤计算，农民付出60元，而职工要付出83元。总之,目前我国农民生活水平正在逐渐赶上城镇居民生活水平,一些先进地区,包括城市郊区农民生活水平实际上已超过城镇居民生活水平。

农民生活之所以能明显改善,和大幅度提高农副产品收购价格是有直接关系的,如表1-1所示。

表1-1　农民受益递增表　　　　　　　　　　单位:元

项目＼年份	1976	1977	1978	1979	1980	1981	1982
平均每个农民纯收益	113.05	117.09	133.57	160.17	216.22	253.97	270.11

提价前的1976年、1977年、1978年三年平均每人每年增加收入只有10元,提价后的1979年就增加收入27元,1980年又增加了56元。我们知道,三中全会之后在农村全面实行联产责任制是1980年,因而1979年、1980年农民收入的增加是靠提价和加价获得的。

第二,农业自身积累率已有了很大提高。

其一,表现在农业收入的增长快于农业成本的增长。收入的增长不但足以补偿物化劳动和活劳动消耗,而且已有了一定盈余,使农业扩大再生产得以进行,如表1-2所示。

表1-2　河北省农资销售额与农副产品收购额对比　　　单位:万元

项目＼年份	1976	1978	1980
农副产品收购总额	187.499	203.626	376.255
农业生产资料销售总额	194.958	226.225	227.291
收购与销售差额	-7459	-20.599	48.964

提价前的1978年、1979年两年国家供应农业生产资料总额高于从农民那里收购农副产品总额,农业谈不上有积累。而提价后的1980年情况变了,农业盈余高达5亿元之多,比1978年增加近7亿元,农业内部积累明显增高。

其二,表现在农业经济效益明显提高,如表1-3所示。

从表1-3可以看出,粮、棉、油在提价前与提价后产值大不一样,在相同产量的基础上产值明显提高。每亩成本虽也有提高,但幅度显著小于产值增值幅度，每亩纯收益的提高最明显，粮食与棉花都由过去的亏损变为盈余，油料也有了大幅度增长，这些说明，提价后农业经济效益明显提高。

表1-3 河北省粮、棉、油收益与成本对比　　　　单位：元/亩

类别 项目 年份	粮食		油料		棉花	
	1978	1980	1978	1980	1978	1980
产量	284.10	320.90	117.60	118.30	36.20	81.20
产值	41.29	56.59	39.36	50.52	49.70	144.68
成本	40.52	44.05	28.73	32.12	67.33	74.56
纯收益	-0.67	10.88	9.29	17.14	-19.13	68.44

从以上河北省农业发展的两组数字中我们可以看出，正是由于大幅度提高了农副产品收购价格，使农业的纯收益大大提高，促进了农业生产的发展，同时也为今后农业的发展奠定了很好的物质基础。

综上所述，1976年以后为了尽快地恢复农业生产，提高农民生活水平，大幅度提高农副产品收购价格从当时看也是应该的。但现在应该看到，正是大幅度提高农副产品收购价格，已经使市场物价的稳定、国家财政收入及积累与消费的比例关系受到了影响。因此，当前稳定农副产品收购价格已成了必要。同时还要看到，在农民收入有了大幅度提高，农业生产发展已经有了较好物质基础的今天，要想继续提高农民生活水平，不能只靠提高农副产品收购价格来实现了。只有这样，才能把农民生活的改善置于农业生产发展的牢固基础之上，才能保证我国国民经济的调整和改革顺利完成。

（本文发表于《河北财经学院学报》1983年第4期，作者徐剑、周泽信）

蠡县腈纶专业市场的产生与发展

党的十一届三中全会以来，农村经济发生了巨变。河北省蠡县腈纶专业生产和腈纶专业市场更具特色，成了众所瞩目的新事物。如何认识这个新事物，促进其发展，对正确指导农村商品生产和市场的发展，具有重要的意义。最近，我们在蠡县做了一次调查。

一、蠡县腈纶专业市场的产生

提起蠡县商品生产，人们想到的是腈纶行业，提起专业市场，人们想到的是"北宗腈纶市场"。我们的调查就从"北宗市场"开始。

党的十一届三中全会以前，"北宗"这个地方只不过是中国北方的一个普普通通的村落，而今它已成了远近驰名的腈纶织品交易市场。从1970年到1983年，伴随着腈纶商品生产的兴—衰—兴的曲折过程，它也经过了一段曲折的发展道路。"北宗市场"的出现是在1976～1978年，当时经过"文化大革命"动乱的蠡县北部五个公社，迫切需要恢复生产，走上了"以副养农"的道路。一些队办企业利用当地农民传统的土纺土织手工工艺，从国营化纤企业引进了积压残次化纤原料，分散到户纺纱织线。开始由集体企业销售，进而发展到社员自产自销，当时这种"自销"活动是零星地、悄悄地进行的，或去路旁，或在村边。很明显这是农民要求发展商品经济的自发行为。然而立即遭到了"管、卡、压"，但是"压"也没压下去，"砍"也没砍倒，终于由无到有而滋生起来了。随着生产的扩大，生产者自然要求商品交换活动集中。如何集中中间经过几次易地，最后自然地向既能避开工商部门干涉，又能远离党政部门视线的交通不便的"北宗村"集中了。到1978年"北宗市场"这棵商品经济的苗子，终于冲破层层阻力破土而出。

当时"北宗村"根本不具备形成市场的条件，即集散商品的条件。但事实就在这里形成了，很多人认为这是一种偶然，然而这种看法不免失之片面。应该说这是中国社会主义农村商品经济发展的必然。其一，在小量腈纶商品交易时，政府实施了"管、卡、压",但"压"不下去,"卡"不死,几经易地,终于生存了下来。这种顽强的生命力,不正说明商品经济的存在是历史的必然吗?其二,"北宗市场"内进行的交换是以盈利为目的的商品交换,市场法则在这里起着完全的支配作用,正是这种市场法则,使"北宗市场"的形成和发展有了内在的经济机制。而正是它的存在,促进了生产力的发展。正像马克思主义告诉我们的,社会要求生产力发展,这是历史的必然。既然商品生产作为一种生产方式能够促进社会生产力的发展,那它的存在就是必然的。党的十一届三中全会以后,"北宗市场"这棵商品经济的幼苗,在党的政策的"阳光雨露"下,茁壮成长起来了。这个事实,不是更可以说明商品经济要求存在和发展是历史的必然吗?

当然,必然并不等于现实,要使必然成为现实,是需要具备一定条件的。蠡县恰恰具备了发展腈纶专业生产的条件:一是蠡县人民之中流传的土纺土织棉纱、棉布的传统手工工艺,为腈纶专业生产的发展创造了一个技术上的条件。二是蠡县有一批从旧社会过来的经商好手,善于与外界建立和保持经济关系,从而能够较稳定地从外界获取原料和销售自己的商品,解决了原料问题和市场问题。三是文化大革命"重灾户"的蠡县,部分当权者忙于"革命",无暇顾及"割"、"砍"商品经济,客观上为商品经济的"滋生"创造了一个适宜的"政治条件"。这一点从专业市场集中于保定地区也可得以证实。

以上客观条件为蠡县人民发展商品经济创造了一定的优势,但这种优势也是相对而言的。重要的是蠡县人民善于将自己具备的优势与外界的客观经济条件相结合,即能够根据自己的优势,具体地选择商品经济发展方向,从而抑制其劣势,使优势得以充分利用和发展。这正是我们应该看到的。

二、蠡县腈纶专业市场的发展

党的十一届三中全会以后,我国农村经济进入了一个完全崭新的发展阶段。蠡县商品生产发展的必然得到了承认和尊重,过去被当作资本主义的东西而受批判的余悸逐渐在农民心中消失,商品生产和交换获得了过去从未有过的自由。

1979~1983年蠡县腈纶生产和腈纶市场发生了惊人的变化:①腈纶商品生产值翻了十一倍。从1978年的950万元猛增到1983年的10910万元。②从事腈纶织品生产和营销人员已达85000人,占全县全部15万劳动力的57%。③手工针织横机由1978年的7台猛增到1983年底的8300台。开始有了更先进的动力驱动圆筒针织机、大型的毛纺机器,具备了相当规模的生产能力。④全年吸收原料的能力已达5000吨。生产的发展促进了市场的发展,短短四年"北宗市场"由1987年每天数十人的交易发展到1983年旺季时的近万人的交易,每天上市摊位旺季时达 2500~3000 个，上市成衣 7 万~10 万件，日成交额高达 10 万~20 万元。

腈纶商品生产的发展，使蠡县农村经济发生了巨大变化：①农民很快富了起来。人均收入由 1978 年的 189 元增加到 1983 年的 450 元（其中腈纶收入 134 元）。据我们调查，"北宗大队" 703 户中有 60%~70% 已是万元户。②积累了大量资金。1983 年仅腈纶一个行业纯收入 4800 万元。扩大再生产能力大幅提高。③出现了一大批专业户、专业村，农村经济结构发生明显变化。形成了一支规模庞大的"离土不离乡"的专业化商品生产和营销队伍。④也是我们感受最深的，蠡县农民正在为社会创造着更多的物质财富。

蠡县人民在发展商品经济道路上所取得的成绩是毋庸置疑的，也是我们在调查中充分认识到的。但是，商品生产作为一种以盈利为目的的生产方式，一方面它能够以它内在的经济机制促进生产力的发展，另一方面它也有一定的自发性和盲目性。这是商品经济的理论和实践规定的。商品经济作为社会主义计划经济的一种补充，确实能够促进生产，但也不能低估它的消极作用。否则，我们就不能正确发挥社会主义经济的计划职能，从而也不会把蠡县商品经济引向健康发展的道路。

1. 关于生产力结构问题

"北宗腈纶市场"中商品卖者，据我们调查，全部是当地农民。他们以家庭为经营单位，既从事生产又从事销售。1983 年底之前生产者使用同样效率的生产工具——手工操作的针织横机（以下简称"横机"），劳动生产率比较平衡，利润率相差不大，因而市场内各生产者"相安无事"，谈不上竞争。但到了 1983 年底，由于资金相对集中，购买更先进的生产工具有了可能，于是产、供、销的"联合体"出现了，他们采用了效率更高的"电力驱动针织圆筒机"（以下简称"圆筒机"），打破了过去利润率相对平衡的状态，从而具有了明显的优势。目前"联合体"所拥有的生产能力（全县目前有 19 台圆筒机）虽然还不能控制市场，但随着盈利的逐渐增多，资金和人才会相对地加快集中，向少数人手里流动，据调查，"联合体"虽然以联合形式出现，但却是私有性质的。因此发展趋势是明显的：一方面它将促进蠡县腈纶生产力的发展，因为"联合体"代表着新的生产力；另一方面随着资金的集中，横机生产者将会受到排斥。面对这种趋势该怎么办？有人提出，既然"联合体"是新生产力代表，应该扶持。有人也会提出，横机生产者应受到保护。我们认为应该扬其利，抑其弊，生产力结构应趋向多层次的结构。其原因如下。

第一，圆筒机每人 8 小时可织 100~150 件成衣，横机每人 8 小时可织 15~20 件，效率提高 6~8 倍。但也有其劣势：需要有正常的电力供应，而农村现在又不能保证。因而,机器开工不足是经常的。另外需要维修技术和零配件供应。

第二,由于生产工具的更新,出现了与之相适应的生产方式——"联合体"。"联合体"内分工明显,专业化较强,因此要求有较好的协作,从而经营管理成了"联合体"内必不可少的职能。但我们在调查中发现,由于蠡县在商品生产发展过程中,资金积累的速度超过了人才培养和积聚的速度,造成先进的生产工具与落后的劳动者素质的矛盾;造成先进的生产方式与落后的管理者素质的矛盾。导致"联合体"出现以下不足:由于缺少维修技术工人,机器效率不能正常发挥;由于缺乏熟练操作工人,产品质量不能得到保证;由于缺乏有知识的管理者,加之农村中的宗族观念,内部管理比较散乱,因此,本来是先进的生产方式,却不能完全发挥它应有的作用。

第三,工业生产从一般意义上说,规模越大越好,但工业生产部类复杂,行业特点很强,因而是否规模越大越好,应认真考虑。蠡县腈纶行业主要是针织服装加工,其生产特点是劳动者独立操作,提供原料,只需一次工序即出成品。工艺简单,技术要求不高,是劳动密集行业。因此,横机与圆筒机相比也有其优势:生产规模小而灵活。可以充分利用农村闲散劳动力和剩余劳动时间;无须电力供应即可保证正常生产;技术要求不高,与目前农村中农业劳动力素质相适应,可以充分发挥劳动者的劳动效率。

目前国外一些先进工业国家的工业品加工业,如服装、玩具、小商品等行业并不排斥分散加工的方式。而且实践证明,分散加工的效率往往比集中加工的效率高。因此,蠡县腈纶服装加工行业是否完全有必要由家庭经营方式向规模更大的方式过渡是值得研究的。

第四,我们在调查中了解到"联合体"内人员多是由本地区在资金、技术或者原料来源上具有优势的人构成的。其中有些人在三中全会之后,他们的富裕速度超过了一般群众。用群众的话说,这些人不靠劳动,是靠关系致富的。因此,我们认为,应该对蠡县腈纶行业"联合体"做进一步调查,视其性质采取恰当的扶持政策。否则,可能会出现扶持了少数,伤害了多数的情况,影响群众发展商品生产的积极性。

以上初步分析,我们认为蠡县目前腈纶行业生产力结构应采取多程序的结构:横机与圆筒机并存、家庭经营方式与"联合体"经营方式并存。方法是横机不能消失,圆筒机也不可盲目发展。当然,这种结构模式不是一成不变的,如果电力供应、原料供应、市场容量、技术力量等都有了保证,这种模式也要相应发生变化。总之,目前是为了使蠡县腈纶行业在比较好的生产力结构内获得稳定的发展。

2. 适应竞争的问题

商品经济的发展,其内在机制是竞争。当前竞争在蠡县腈纶专业市场内仅仅开始,而且还限于本地区内生产者竞争。县一级经济主管部门可以通过多种经济杠杆调节、协调矛盾,防止自发与盲目竞争。但是,只要是商品生产,谁也无法保证可以通过人为的手段来控制竞争的范围。蠡县目前在专业市场内出现的竞争会升级,范围会逐步扩大,这是商品生产的必然。而且随着蠡县内部及外部各种经济条件及经济环境的变化,蠡县还能不能继续保持其产品在市场上的优势是值得人们注意的。

蠡县腈纶行业的发展前后经历和存在着四个阶段:

第一阶段是1976~1978年的以"手摇纺车"为代表的土纺阶段,组织生产的方式是家庭,产品是手工化纤毛线。

第二阶段是1978年至目前(指1984年)的以"手工操作横机"为代表的手工机械阶段。组织生产方式是家庭,产品是化纤服饰。

第三阶段是1983年至目前(指1984年)的以电力驱动圆筒机为代表的动力机械阶段。组织生产方式是"联合体",产品是化纤服饰。

第四阶段是1982年至目前(指1984年)的以全套毛纺设备为代表的机械化作业阶段。组织生产方式是工厂,产品是化纤毛线、人造毛、人造毛服装。

据我们调查分析,目前蠡县腈纶针织行业正处在由第二阶段向第三阶段,即由家庭经营方式向"联合式"经营方式过渡。这种过渡是对旧的生产方式的扬弃,"是在旧形势内对旧形势打开的第一个缺口"。它标志着生产力进入了一个新的阶段。这个新阶段无疑较第二阶段有如下优势:资金优势、人才优势、技术优势,但是,我们从调查中看出,以上优势是相对第二阶段的优势,在大范围竞争到来之时,还会遇到新问题。因此有必要就以下几个问题提出我们的看法。

第一,人才缺乏的问题。据我们调查:①缺乏熟练工人。"联合体"、"毛纺厂"内劳动者都是亦工亦农者,工人缺少在机器工业内所应具备的素质的培养和锻炼。受聘于"毛纺厂"的一位20世纪50年代初期的老工人对我们反映:工人素质很差,不仅文化程度低,而且小生产者散漫习气较重。有雇用思想,干一天算一天,对学习生产技术不感兴趣。②缺乏技术人员。全县所有"联合体"及"毛纺厂"内没有一名具有中等专业技术学校以上毕业的技术人员。据知目前全县腈纶行业只聘请了三名技术工人,而且还不愿久留。③管理人员多是"跑业务"的实干家,缺少经营管理知识,其经营思想是"赚钱不赚钱,全在业务员"。

如果说前几年横机的简单劳动是劳动密集型的,那么现在及今后的劳动都渗透着技术的密集了。因而单凭过去靠廉价劳动力降低成本获取盈利是不行了,凭着业务员去套关系恐怕也不是久远之计。具有真正优势的商品生产,应该是具有优秀素质的劳动者与先进的生产工具的结合,才能生产出在市场中具有竞争能力的商品。

总之,目前蠡县腈纶行业劳动者素质状况与目前的生产工具和生产方式是不相适应的,如果现在还不能引起注意,必将影响其发展。

第二,稳定原料供应的问题。化纤原料,是蠡县腈纶行业得以发展的重要物质资源,但却完全依赖外地国营企业,应该说具有一定的不稳定性。过去依靠三种方法:某些国营企业产品与市场不适应积压产品和残次产品的转让;外地的同乡、熟人关系;请客送礼结成的关系等使原料供应相对地稳定。还有国内资源供应的余缺程度及原料价格上涨的趋势等,都会影响原料的稳定供应。因此,从目前起,要做好原料来源、原料价格等方面的中、长期预测。否则也会使腈纶行业的发展受到影响。

第三,产品质量问题。过去一段时间,蠡县人民靠自己的廉价劳动力使产品保持低成本,赢得了市场中的优势。如今,这也将成为过去。今后怎么办?只有靠引进新技术、新工艺来提高劳动生产率,从而提高产品质量,这是商品经济发展的规律告诉我们的。但是,在调查中我们发现,部分生产者采用减少投料、降低质量的方法企图在市场中取得盈利。他们坦率地说,过去每件成衣用料 0.3~0.4 市斤之间。此次我们在"北宗市场"抽样调查发现每件成衣只有 0.243 市斤。生产者抱怨原料被少数人控制,为了使劳动损耗得以补偿,维持少量盈利,不得已采取这种办法。这种情况足以说明其发展是酝酿着一定的危机的。如继续发展,其产品竞争能力势必会受到严峻的挑战。

还有,"北宗市场"中,产品花色、品种、规格都比较单调,更新缓慢。我们说服装行业表现不灵。因为消费者对服装的需求往往不是以廉价引起购买行为,某种程度是以服饰的"新"、"美"、"贵"为准。因而,要继续取得竞争优势,蠡县腈纶行业必须使产品结构更合理,即不断更新产品花色、品种、规格。

在再生产四个环节中,生产决定流通。这是不以人的意志为转移的。我们在调查中深刻领会到:蠡县腈纶专业市场之所以能产生,是因为有了腈纶专业生产;蠡县腈纶专业市场之所以能发展到今天如此规模,是因为有了规模巨大的腈纶专业生产。要继续保持和发展蠡县腈纶专业市场,不从生产抓起是无济于事的。况且我们在调查中还发现,蠡县有一支由 45000 人组成的庞大的推销队伍,它作为蠡县腈纶专业市场的延伸部分,基本上能保证货畅其流,因而关键还在于生产。

(本文发表于《河北财贸学院学报》1984 年第 3 期,作者周泽信)

试论买方市场中工业消费品的商品采购

近几年我国经济管理体制发生了很大变化，企业经济效益正在调整、改革中逐步提高。特别应当指出的是工商部门正在摆脱过去"工业生产什么商业收购什么"的不正常局面，逐渐走上了根据市场需要进行生产和经营的正确轨道。从而，经过短短几年时间，我国工业消费品市场面貌就发生了很大变化，正如赵紫阳同志在《关于第六个五年计划的报告》中所指出的："工业消费品生产迅速发展，市场商品供应日益充裕，消费品匮乏的状况有了很大改变。这是我国20世纪50年代后期以来从未有过的新情况。"这就是人们注意到的我国工业消费品市场正由"卖方市场"向"买方市场"过渡。这种过渡标志着我国工业消费品市场的供求关系发生了重大变化。标志着商业企业的经营已经进入了一个新的阶段。

对我国目前工业消费品市场的看法，一种认为已出现了买方市场，另一种认为还未出现。我们认为，我国工业消费品市场虽然还存在着某些商品不能适应消费需求的状况，还存在着生产与消费脱节的现象。致使某些商品停留在工业和商业部门，造成积压和滞销。但是总的看来，工业部门为市场提供的商品，无论数量、质量和品种、花色等都较过去有了很大的改进和提高，市场商品日渐充裕。目前除名牌自行车与缝纫机等少数品种供应紧张之外，在绝大多数工业品面前，消费者处于从未有过的主动地位。可以说，已经出现工业销售品的买方市场。

面临这种形势，商业企业的经营出现了几种状况：一是逐渐适应了这种变化，在认真了解市场供需情况的基础上，调节了矛盾，在经营中掌握了主动权。二是没有认识到市场中这种变化的重大意义和影响，不能摆脱旧框框的束缚，习惯于坐等顾客的经营方法，对市场情况缺乏深入细致的调查，经营处于被动地位，主要表现为大量商品的积压和滞销。这种状况多是由于在市场商品供应充裕时，过高地估计了消费水平，对消费结构、购买力投向、消费心理等缺乏研究，因而盲目进货造成的。

商业企业经营的第一环节是商品采购,它直接关系到能否满足消费者需求。关系到商业企业其他经营环节能否顺利进行。因此,搞好商品采购就成了商业企业经营管理中的头等大事。为了在买方市场中做好采购工作,必须注意以下两个方面。

一、以需定进,保证商品适销对路

买方市场出现的客观基础是商品供应量大于需求量,市场商品充裕。消费者在商品面前有了较大的选择余地。于是,消费者的消费心理呈现出"欲选而不急于认购"的状态。同时,在新商品不断出现的情况下,消费者需要做全面对比,于是出现了"持币选购,储币持购"的局面,这是买方市场中消费者处于主动地位的心理表现。这种表现提醒我们在商品采购中必须研究消费者的消费心理,以掌握消费动态,保证商品能够符合消费者的需要。上述一些商业企业之所以存在工业消费品的积压和滞销,并不是由于商品供应过多,而是由于买方市场出现后不能适应的消费者需求的变化造成的。马克思说:"每一种商品都只能在流通过程中实现它的价值,它是否实现它的价值,在多大程度上实现它的价值,这取决于当时市场的状况。"(《资本论》第三卷,1975年版,第720页)可见,在市场状况发生变化的今天,商业企业必须认识和研究市场中新的状况,以顺应变化,搞好经营。这对于商业企业经营的第一环节商品采购尤为重要。

在以消费者需要为采购目标的经营活动中,首先,必须注意消费者的现实需要,即在最近一段经营计划期内消费者对某种商品的需求量。一般来说,在一定的时间顺序内,消费者对某种商品的需求是比较稳定的,这种稳定期内的需求可称为现实需求,它的变动幅度较小,在购买力比较稳定的状态下,更是如此。例如对高档服装、皮鞋、耐用消费品等的需求都有一个稳定期。稳定期不仅随商品而异,而且随着消费水平的提高、人口的增加将逐渐缩短。认识和了解市场内某种商品的消费稳定期,对于掌握消费者的现实需要是十分重要的。它可以使商品采购计划得以正确制订和执行,保证以充裕而稳定的货源供应市场,满足消费者的需求。特别是在人们生活水平还较低、消费水平还不高的时候尤应注意这一点。近几年某些商品如电视机、电风扇、半导体收音机等之所以普遍存在积压和滞销。就是因为在收购业务中没有注意现实需求的分析,过高地估计了市场容量,缺乏对社会拥有量、社会购买力、消费结构等方面的分析,以致过多进货所造成的。因此要注意消费者的现实需要,在采购中要努力做到"适量"。即使是适销商品,由于受消费水平的限制,需求在稳定期内也有量上的极限,超过这个极限就是过量。其次,要注意消费者的变动需求,即在一定时期内,消费者对某种商品的需求所呈现的非稳定状态,这种非稳定状态不仅表现在商品的量上,更主要的是表现在商品的花色、品种、质量、价格上,这就是我们常说的需求转移,它在买方市场中表现得更频繁。因为商品充裕了,挑选余地明显增大,新产品不断上市,商品价格有降低的趋势,使转移的可能性逐渐增大。这就向商品采购提出了更高的要求:必须细心观察、判断需求转移的目标,以便制定出合乎需求转移实际的采购决策,造成需求转移的因素很多,其中经济因素和社会因素是主要的。经济因素主要是商品的质量和价格,社会因素主要是消费者的阶层和社会环境的影响。经济因素比较容易判断,物美价廉就是需求转移的方向。社会因素则不易判断。特别是社会环境的影响,例如服装的款式,往往在某一个价格档次内,受社会风气的影响较大。注意变动需求,也就是在采购中应当强调的"适变",即不失时机地适应需求的转移。即使是适销商品,在时间上也有极限,特别是在买方市场中这个时间也在缩短,超过这个时间的极限,适销就会转化为滞销。再次,在商品采购中必须注意市场行情。目前,在商品逐渐充裕的工业消费品市场内。供货方为了在竞争中争取更多的顾客,往往在价格上采取优惠措施,它将导致市场价格的参差不齐,这是买方市场的又一重要表现。特别是在供应增多、销售平缓的情况,价格成了争取顾客的主要手段之一,是引起需求转移的主要经济因素。消费者面对着同等质量的商品,当然首先想到的是价格,这是适销的首要条件。为此,就要对市场行情资料进行大量的搜集、整理,特别是在参加"供应会议"、"展销会"时,更应注意这一点,以保证选购到市场上有竞争能力的商品。另外,商业企业在执行国家的物价政策中,对于少数更新换代商品,要注意同工贸部门协商,掌握好价格水平,在采购中价格要适宜,即"适价"。价格过低,国家受损失;价格过高,影响消费者购买,造成积压。最后,还要注意在采购活动中协助工业部门发展新商品。在买方市场中商业企业要争取更多的顾客,很重要的一条就是必须保证不断有吸引消费者需求的新商品上市。这不单是工业部门的事,商业部门也能起到重要的作用,它主要表现在购买行为信息的反馈上。商业企业,特别是零售企业耳目灵通,最能了解消费者的购买行为。如能及时将购买行为信息反馈给工业部门,必能对商品价格、品种、规格、质量、花色、包装等方面的改进起到重要作用。促进和引导工业部门发展新商品,不仅可以吸引更多的消费者,而且每发展一种新商品招徕顾客,实际上也就是孕育了一种新的需求,对更好地满足人民群众需求起重要作用。消费需求,并不是在市场上都能观察到的,例如潜在需求往往是依靠新商品的上市才得以实现的。在这里还要强调一点,发展新商品必须是以消费者需求目标为准,必须谨慎从事,不符合需要的新商品上市则意味着新的积压的形成,所以,在商品采购中还应强调"适新"。

上述为实现适销对路所必须注意的四点，核心是商业企业在买方市场的商品采购中必须注意消费需求，搞好市场调查和市场预测，否则就谈不上"以需定进"。

二、以销促进，保证商品采购顺利进行

商品采购一方面要注意企业外部环境的变化，特别是消费需求的状况；另一方面也要加强企业内部的管理，协调好企业内部与外部市场的关系，只有这样才能在买方市场中使商品采购实现"适量"、"适变"、"适价"、"适新"。首先，要认真研究企业内部的库存、采用多种手段使库存保持合理的结构。库存结构是否合理要通过外部采购和加强销售来调整。销售工作做好了，就可以减少积压和滞销。因此要求企业找出形成不合理库存的原因并采取措施及时处理，有效地使用企业资金，并以少量资金购进更多的适销商品，促进库存结构的合理化。其次，要注意企业商品资金与货币资金之间的动态比例。商品采购是在企业拥有一定量货币资金的基础上进行的，离开货币资金这个支付手段，采购工作就无法进行。因此，必须使企业经常具备一定量的货币资金作为后盾。这就需要注意经常分析货币资金与商品资金之间的动态比例，加速商品资金向货币资金的转化，保证有足够的货币资金投入采购。这在目前买方市场中显得更加重要。特别应该提到的是，在银行贷款利息增高的情况下，必须善于用少量的资金做更多的买卖。为了节约使用资金，在买方市场中就既要谨慎从事，又要不失时机，否则"俏货"抓不住，也会延缓周转速度。

上述加强内部管理必须注意的两点，核心是商业企业在买方市场的采购中必须注意内部各环节的协调，否则就谈不上"以销促进"。

总之，买方市场中的工业消费品采购，既要重视对企业外部市场需求的调查研究，也要注意企业内部的管理，只有这样，才能保证商品采购在一个良好的循环系统内顺利进行。

（本文发表于《天津财经学院学报》1983年第2期，作者周泽信、陈祥龄）

市场经济是由生产社会化内在矛盾决定的

资本主义历来宣称市场经济是他们独有的,社会主义建立之初也称社会主义与市场经济无缘。这就宣告了市场经济只能作为一种特殊与资本之义相联系,而否定了市场经济与社会主义生产方式的联系。此种结论本身就是不科学的。现在的问题是我们必须回到马克思科学的方法论上来,正确认识和发展社会主义市场经济。

一、市场经济一般是由生产社会化内在矛盾决定的

马克思曾指出:"商品经济和商品流通是极不相同的生产方式都具有的现象,尽管它们的作用范围和作用方面各不相同。"如果我们在这里将马克思所说的商品生产与流通称为市场经济,这就明确告诉我们市场经济是可以在极不相同的生产方式内存在的。市场经济的存在是以某种具体形态出现的,例如资本主义初期和资本主义现代的市场经济,以及社会主义市场经济。但在其具体形态的表象后面却存在着市场经济一般。否则,它就不可能如马克思所说是"极不相同的生产方式都具有的现象"。不同生产方式的市场经济,既由其共性而相互一致,又由其个性而存在区别,但都同属于市场经济的范畴。由此,我们认为,市场经济是可以区分为"一般"与"特殊"的。在市场经济(商品经济)发展的历史过程中,其一般与特殊是辩证的统一。这里有两层含义:①市场经济一般与特殊是现实的统一,一般与各种特殊的统一,构成了市场经济的具体形态。但不论多具体、多特殊,其本质必然要反映商品经济的本质规定;②市场经济一般贯穿于市场经济发展的历史全过程,是不变化的,包括资本主义市场经济和社会主义市场经济。而市场经济具体是发展变化的。在不同历史阶段的不同生产方式内,尤其具体形态,按照历史顺序市场经济可以划分为不同阶段内的市场经济,正如资本主义初期,资本主义和社会主义市场经济的区分。我们只有正确把握这个方法,才能深刻理解市场经济是极不相同生产方式内具有的现象,才能从传统的理解误

区内走出来,正确认识社会主义与市场经济的关系。

市场经济的本质规定,即市场经济的共性,是由生产社会化内在矛盾的普遍性决定的。

社会主义与资本主义生产方式除了在所有制构成方面存在性质上的区别,应该肯定的是这两种在历史演变过程中承前启后的生产方式有相同之处。这就是我们都能看到的,由工业化所引起的生产的高度社会化,生产社会化的含义是生产组织的一切生产都是为社会进行的,都要依赖社会的消费,因此必须符合社会的需求,并且在耗费大小、效率、高低上要达到社会认可的水平,正是这个社会化的共同,决定了一个矛盾的普遍性,即由生产组织生产的个别劳动产品必须经过某种形式转化为社会劳动产品。生产社会化是人类在组织物质财富生产发展过程中的自然。这不是哪个生产者愿意不愿意。意思是说这不是资产阶级愿意不愿意,也不是无产阶级愿意不愿意的,二者都必须面对现实,解决个别劳动与社会劳动,个别劳动产品与社会劳动产品这个共同矛盾。马克思曾说:"生产的一切时代有某些共同标志、共同规定……没有它们,任何生产都无从设想。"正是这个共同矛盾的"共同规定",决定了社会主义和资本主义在选择解决这个矛盾的形式和机制方面要遵循"共同标志"。

"共同标志"是什么?在生产高度社会化的资本主义与社会主义,有一个现象,即人们从事生产活动都是以组织这种群体形式出现的。这些组织是由于社会分工而形成的。它们被相应地限制在特殊的生产领域内,只能生产一种或几种产品。而生产的产品再不是如自然经济内供家庭内个人消费的使用价值,而是供社会消费的社会使用价值。这就产生了组织之间及个人之间进行交换的必要。如何交换?资本主义在其发展的历史过程中,自然地选择了市场机制。

在资本主义发展数百年的历史过程中,私有制的小生产在自然经济中得到了发展。当进入工业化初期,资本积累仍是以私有形式出现的。到了现代,资本主义进入了高度社会化的阶段,但是仍以私有为主,中小企业及大企业都是以私有为基础独立经营,自负盈亏的。这种性质的生产组织在其交换过程中必然要选择自身能够承认,同时又能得到社会认可的准则,于是"自愿"这个原则就自然地成了交换中的第一准则,为了使社会也得到认可,"平等"也成了与"自愿"不可分离的另一准则,平等自愿这个交换原则不是任何外在力量强加给他们的,是社会中参与交换的各类生产组织理性的自然选择。交换,当被赋予了平等自愿这个原则时,交换也就成了公正的交换,从而价值规律所要求的等价交换才得以实现。正由于等价的交换能够得以实现,即找到了"社会平均必要劳动时间"这个量的关系,个别劳动及个别劳动产品才有了得到社会认可的标准,从而个别劳动产品中使用价值与价值的矛盾才有了得以解决的必要前提,价值的实现成为

企业改革的演进与逻辑

可能。所有这些,特别是社会认可的标准,只能通过市场,通过市场机制去实现,所谓社会认可的标准就是市场标准。正是在这个历史与逻辑一致的基础上,资本主义与市场机制发生了必然的联系。

在这里要说明的是,市场经济与资本主义发生联系,并不是与其私有制之间有必然的关系。而是与独立经营、自负盈亏的企业之间有内在的联系。换句话说正是由于独立经营、自负盈亏企业的存在,它们之间的交换需要一种机制,这就是市场机制。

生产社会化的内在规律是不以人们意志为转移的,当交换还只能作为商品交换时,人们必须依照规律行事,即按照社会认可的"等价"进行。否则,生产社会化的内在矛盾——个别劳动与社会劳动、个别劳动产品与社会劳动产品则无法解决。这正是市场经济与生产社会化内在矛盾的关系所在。

社会主义学说创始人曾认为,社会主义是人类社会经济发展演变的自然历史过程的产物,它是建立在生产高度社会化基础之上的。这就是说它也要解决个别劳动与社会劳动,个别劳动产品与社会劳动产品之间的矛盾。在很长一段时间内,依靠无产阶级争夺政权,实现生产资料公有的社会主义国家内,某些领导人主观地依据私人占有资本与生产社会化矛盾的理论,无视个别劳动产品向社会劳动产品转化的必要的一般历史条件,否定了公有制内企业独立经营的历史必然性,从而否定了市场与市场机制。在其政策制定与实施中,将国家与企业的关系视为父与子的关系,误认为这才是公有制本质规定所要求的,使公有制变成了社会所有制。结果,无论哪一个社会主义国家内,仍然存在个别劳动与社会劳动,个别劳动产品与社会劳动产品矛盾。无视这个矛盾的解决在不同生产方式内是有其一般规律和共同规定的。其差别在于无视了市场经济存在的一般条件。

其实,公有并非是指社会所有。公有是多种形式的,有国有和集体所有,国有也并非指国有企业由国家来经营的。企业可以是国有,但正反两面的经验与教训都给我们以昭示,国有并不能国营,而只能由企业自身去经营,使企业保持经营的独立性,同时切断国家与企业之间的"父子关系",使之自负盈亏。如此,我们就能处于现实之中,客观地分析问题,从而国有的企业,保持独立经营,自负盈亏也就成了必然。这样做,并非我们在社会主义进程中的倒退,也并非我们由于经济搞不好不得已的选择,而完全是因为生产社会化的社会主义,由生产社会化的内在矛盾决定的。

对于社会主义公有制内国有企业的独立经营,我们还有一点要说明。社会主义社会,作为人类社会经济发展历史中的必然。社会主义本来就是人类对公正社会的一种追求;如果把这种追求做个概括,可以说是劳动的解放,劳动者的解放,人的解放;是劳动者摆脱财产所有权的支配而获得才能、个性的全面和自由的发展；是劳动平等、报酬平等、社会公平和高度效率的统一。但是，这些社会主义的初衷，在原先高度集中的计划经济体制内不仅得不到实现的可能，而且相差得越来越远。而独立经营、自负盈亏的国有企业在改革的实践中给了我们最新的启迪，只有这种体制，才能与社会主义初衷保持一致并逐渐地使之得以实现。从这个意义上说，独立经营、自负盈亏的社会主义企业经营机制与社会主义是并行不悖，换句话说，市场经济与社会主义，在这层意义上是并行不悖的，是有着内在联系的。

总之，生产社会化这个属于资本主义和社会主义的天然属性，必然决定两种生产方式有其一般运行规律的存在和实现社会化的共同标准，这就是市场、市场机制。从这个意义上说市场经济不是资本主义独有的，它与社会主义生产方式有着内在联系。

二、市场经济特殊是由不同生产方式的具体条件决定的

市场经济由于生产社会化内在矛盾的决定，与生产社会化的资本主义和社会主义有着内在的联系，但不同生产方式由于具体条件不同，市场经济又是以某种具体形式表现，以及由具体矛盾决定其有特殊性质的。这就是市场经济的资本主义与社会主义特殊。

人类社会经济发展的历史告诉我们，商品生产自原始社会末期就存在了，但太简单了。到了封建社会虽然发展了，但仍然与现代所提出的市场经济有区别。只有工业化以后的商品经济，即发达的商品经济才能称之为市场经济。如此，按照生产社会化之后生产方式演变的两个阶段，即市场经济与社会主义市场经济。

资本主义经济本质上是以雇佣劳动为特征的私有制经济；在生产的一般社会形式上是完全自由的市场经济，在社会生产的管理体制上国家进行部分指导与干预。因此，资本主义经济是在私有制基础上的自由的市场经济，这样的表述，是要说明它与自然经济的私有劳动有区别，也要说明它与社会主义也有区别。从此方面能够分析出它的特殊性。

社会主义经济在本质上是以联合劳动为特征的公有制经济；在生产社会形式上是市场经济；在国家经济管理体制上是国家通过经济手段对市场进行宏观调控。以上三个特征的整体反映了它与资本主义市场经济是有区别的，其市场经济的具体性质是由这些具体决定的，反映了它在某些，特别是市场经济的属性方面与共产主义的商品经济有本质区别，但又因公有制的存在，反映了它与共产主义商品经济之间的联系。

以上分析可以看出市场经济的自然历史过程，是两种特殊类型市场经济依次更替的历史过程，而这种依次更替的过程，构成了市场经济由低级形态向高级形态的转化、发展的历史过程。现阶段,其市场经济的具体应该承认在某些方面与资本主义市场经济有承前启后的联系,但具有自身的特殊性,进入市场,成为市场中经营主体的经济组织,其所有制形式是多种的,有生产资料全民所有制,即国家所有制,有生产资料劳动者集体所有制,有生产资料的劳动者个人所有制,此外,还有外资所形成的国家资本主义形式。但是多种形式并存的社会主义,其本质是社会主义国家所有制占主导地位,而资本主义虽然是多种经济成分并存,但它是以资本家私有制占主导地位的。正是因此,社会主义市场经济就有了如下特征:第一,管理国家经济的政权是人民民主专政的政权。它是由全体劳动人民选出来的代表当家做主,代表劳动群众的利益的。制定的法律、政策确保市场公正运行,从而防止两极分化。保证了经济高效率运行与劳动群众共同富裕的统一。第二,公有制的主导地位,确保了广大劳动人民凭借在企业及经济组织中的生产关系是非剥削的生产关系,确保了劳动人民凭借在企业中的主人翁地位,使其劳动热情能够得到保证,并使其个性凭借其才华得以发展。第三,由于公有制占主导地位,国有经济在整个国民经济中拥有雄厚实力,从而确保了国家可以有更多的经济手段影响市场经济的发展,防止了市场经济的盲目性,确保经济协调稳定。

(本文发表于《河北财经学院学报》1993年第3期,作者周泽信)

我国城市零售行业市场化进程中的业态结构

20世纪90年代初以来，我国城市零售业经营业态结构在原有基础上发生了巨变，在市场化的推动下向着多层次、多样化的结构发展。

一、目前的业态结构

1. 百货商店

改革开放后，特别是20世纪90年代初以来，百货商店得到了迅猛发展。据有关资料显示，1991年销售额在1亿元以上的有94家，而到1996年发展到724家，六年翻了七倍。仅就北京市而言，目前经营面积在1万平方米以上的商场（包括个别城市），1997年已有83家。百货商店在我国城市零售业态发展中至今扮演着主要角色，它可以说是业态结构中的核心部分。随着城市的拥挤，消费层次的清晰以及行业内竞争的加剧，城市中心百货商店业态也发生了业态内的变化，即业态内的层次出现了。一是面向富人阶层消费的豪华百货店；二是原有百货店改建、扩建，但仍然是面向"人民群众"，内部设立了面向富人的购物区；三是在新居民区新投资建设的面向一般群众消费的中型百货商店。这种业态，在不改变业态自身特点基础上，由高向低，由内向外在布局和结构上发生了新的变化。

2. 名品专卖店

名品专卖店作为一个新的业态，在我国零售业态中占据着一定位置。名品专卖店，主要经营化妆品、男女服装、休闲装、运动服装、鞋、器材、珠宝、手表甚至眼镜、名牌皮货，跨度很大，发展很快。随着富裕阶层内部的分化，以及我国中等收入阶层的清晰，名品专卖店其内部已经出现不同的经营层次。一个真正是世界级的名品专卖店，集豪华、典雅于一身紧紧地贴近富人；一个是普通名品与国内名品级的专卖店，它集优质商品、优质服务于一身紧贴近于中高档收入的人群。名品专卖店在城市中充当着引导消费潮流的角色，对中高层消费者也有吸

企业改革的演进与逻辑

引力,有着强有力的竞争实力,因此对于它在城市零售业态结构中的地位不可低估。

3. 超级市场

超级市场是以方便、价廉著称的。它以大批量统一进货,批量售货,顾客为自己提供服务等保持了低成本、低价格;它以设在交通便利和居民集中地的中心,提供免费存车位置,开架售货等为"上帝"提供方便。它所提供的商品主要为两大类:食品和日用品,都是消费者必不可少的消费品,从而面对广大的消费者,其中既包括高收入者,也包括中低收入者,有着广阔的市场。超市在其发展中出现了三种类型,即大型超市、中型超市、小型超市,此种类型的区分是与居民区居民总量,交通状况等相联系的,也是与我国目前消费水平相联系的。随着我国城市的发展、消费水平的普遍增高,我国超市业态会在现有水平上向更大规模发展,在现有地区分布上向城市边缘及郊区发展。

4. 便民店

便民店是分布在居民区内及边缘紧紧贴近于一般居民,方便居民零星购买的小店,这是我国城市零售行业业态发展中具有自身特点的业态。它是在过去的蔬菜店、小副食店、小肉店、小百货店、小粮店改制基础上呈现的,充分发挥了原有网点的物质设施,又施以了新的经营方式,是深受人民群众喜爱和欢迎的一种零售业态。在目前我国人均收入水平还较低、低收入层次的消费者居多的今天,以至较长一段时期内,便民商店作为具有中国特色的业态是与人民群众生活息息相关,它有着深厚的群众基础,因此有着广阔的市场。

5. 摊贩群

摊贩是与农业的小生产和手工业生产相联系的个体销售形式,所经营的大多是鲜活的肉蛋鱼、蔬菜、水果、粗加工粮食制品、豆制品,这些都与人民群众每天的消费息息相关。它的存在以及它在某个时期的延伸和发展,是有其客观的经济基础的。我们只能加强管理、引导。从严格意义上说,我国城市目前存在的摊贩和摊贩群是不具备零售业态的含义的,但它是我们不得不注意的一种重要的零售销售形式。它的存在是我国农业生产和城市消费层次及消费方式的客观需要。随着农业生产的发展和人民消费水平的提高,摊贩和摊贩群自身也会发生变化及向规范的形式转化,或者在与便民商店的竞争中被替代。但是,它们现在的存在,以及在相当长一段时间内的存在是客观的,它在城市零售业中所起到的作用是不可低估的。摊贩和摊贩群是历史的现实,正如超市一样也是一种历史的存在。

二、业态结构的特征

我国城市零售行业的业态结构与传统的计划经济体制内的结构发生了根本的

变化。目前呈现的结构特征如下。

1. 两头大，中间小的状态

所谓"两头大"即为城市中心繁华地段百货大厦林立，另一头为城市摊贩及摊贩群在城市居民集中区及边缘地区沿街道两侧延伸发展形成鲜明差别的对照。所谓"中间小"即专卖店、超市、便民店虽然在发展，但是其数量、功能和作用远不如百货大厦和摊贩、摊贩群在消费者中所占的位置重要。百货大厦在满足人民群众的购物需求、带动生产、推动城市发展中起到重要作用，但在城市中心发展已到了饱和状态，分布不均匀。摊贩及摊贩群在满足人民群众日常消费方面起到无可替代的作用。但需引导，规范管理，使其向"便民店"形式发展。

2. 某些业态内部也是在随着生产向集中、消费向层次方向发展而在发生着分化

其一，百货商店再不是传统百货商店"千店一面"的形式了，内部已经在分化。有代表性的如北京的燕莎商城、上海的八佰伴、天津的伊势丹等，虽然是外资商店，但它们以典雅豪华的身姿屹立在我国大城市之中；城市边缘地区紧紧贴近于普通百姓的中小百货商店，也在悄悄发展，以它们特有的经营特色，满足着消费半径在两公里以内的普通百姓。其二，专业店、超级市场这些新进入的业态，随着生产、消费的发展，内部也在分化，高级、中低级的区别愈加清晰，各自选择自己的生存空间。

3. 超市、便民店等业态正在向连锁、规范化的组织制度方向发展

连锁，是商业企业规模化的要求，而规模化是大生产与流通矛盾在市场中发展的内在要求，因此，连锁是商业资本在市场中发展的一种组织形式。目前，我国连锁商业仍处在起步阶段，但随着市场发展的要求而发展。连锁的发展，必将使我国目前城市零售商业网络更加紧密、稳定。

总之，我国城市零售行业业态结构已经根本不同于传统业态结构，它是在我国零售行业市场化进程中的结果。目前呈现三个趋势：①这个结构是我国在转轨过程中呈现的，还不很严谨，仍有不稳定的因素，处在一个快速变动的时期，方向是均衡、稳定、有序。②结构中的各种业态与正规的业态相比仍有差距，随着市场的发展，竞争的加剧，各种业态正在向成熟方向发展，包括向连锁方向发展。③这个结构是顺应现阶段我国社会经济特点发展起来，带有明显的自身的"血统"，虽然也反映出市场经济及社会发展的一般规律，如低成本运作，紧贴消费。但是这个结构就是这个结构，它是顺应我国国情和现实的，有些形式很不规范（如便民店）甚至很落后（如摊贩群），但是，任何业态和形式都会在市场化进程中通过自身的"扬弃"，实现向高层次业态发展。

企业改革的演进与逻辑

三、业态、业态结构生成

城市零售行业业态、业态结构的生成有其一般规律，即业态、业态结构是受经济发展水平所处的阶段、市场的消费总量和消费结构，消费特点和城市发展水平等决定的。同时业态、业态结构总是在一个特定的历史的环境内生成的。20世纪90年代以来我国城市所呈现的业态状态，根本上说是受经济发展和消费决定的，但市场化制度也是不能视而不见的，从这个意义上说，我国目前的业态、业态结构是在市场化过程中实现的。

首先，业态类型的选择，是我国市场经济体制发育过程中资源配置向着优化方面发展的结果。近几年，我国城市零售行业内出现了大家都极为关注的问题，即由大型百货商店重复建设导致经营规模与现实购买力脱节；规模档次扩张与效益滑坡矛盾的现象。我认为这从一个侧面反映了我国零售行业在其发展中存在的问题，谁又能说这不是我国经济体制由传统计划经济向市场经济过渡过程中的必然呢？我国城市零售行业，特别是大型百货商店在改革初期不仅没有失去原有的"市场"，反而扩张了自己的"市场"。我国城市中大型百货商场不仅在数量上，而且在档次上的历史性扩张，多数人认为此是政府行为导致的，我以为并非完全如此。不排斥有政府行为的作用，但仔细分析，特别是历史地分析，如果不是"市场化"过程中市场这只手的作用，或者称作高利润驱动，这种速度的扩张是不可能的。这就是我国在市场化进程中产业发展的现实。超越这个现实去思考是不现实的。实际上还有一个与之相反不争的事实，即就在仍然有新投资者挤进大型百货商店低效率竞争行列时，已经有一部分聪明的投资者把目光悄悄转向零售行业中其他的经营业态了。资源配置的新形式，已经在城市中心、城市边缘地区以超级市场、购物中心、俱乐部式的仓储购物、连锁的便民店等业态在进行了。这就是市场经济可以导致资源优化配置机制的所在，而非政府行为。从这个意义上说，我国城市零售行业经营业态所呈现的多样化结构，正是由于大型百货商店业态过于集中、竞争过度、效益低下的直接结果。

其次，业态类型的选择，已经与企业"市场定位"，即目标市场的选择紧密相关。在近几年业态结构的变动中，不论国有商业或是非国有商业在企业运营中都深知"市场定位"的重要性了，选择的准确与否、定位的如何，不仅关系到运营的好坏，而且已经是关系到运营的成败之举了。经过20年的改革，我国流通体制已经发生了根本的改变，这不仅仅表现在经济方面，也表现在经营者的经营观念，或者说是价值观方面。消费已经进入"层次性消费"与"个性化消费"的阶段，"千店一面"、不分层次、不突出个性的经营就不可能有存在的余地，与"市场定位"相联系的满足层次性消费多样化的经营业态的多样化与消费层次多样化紧密联系的。市场定位在什么消费层次上，就会有相应的经营业态。多层次的消费，必然带来多样的业态，形成结构的多层次。

再次，业态类型的选择，是我国市场经济发育过程中低成本扩张的自然选择。自我国流通体制改革以来，以大型百货商店的发展为契机，国有商业、外国商业资本、民营商业、私营及个体都在激烈争夺着零售市场。竞争，作为市场经济的天然机制，迫使着企业必须保持一个常规的状态——低成本运作，从而保持竞争力。就企业而言，不外乎两个方面内容：一是保持投入，改善技术，实现产品创新，争取价格优势；二是改善企业制度，加强管理，降低成本。业态的选择，是有其内在的动因的，这就是市场经济的天然机制。

综上所述，我国城市零售行业的现状已非传统计划经济时期的状况了，它正以一个新的业态结构展现在我们面前，以其多样化、多层次的业态群为消费者提供了琳琅满目的商品、优质的服务，推动着经济的发展，向世人展现了改革开放给中国带来的新姿。我国零售行业目前的状况，是在创投计划经济基础上经过 20 年体制变革后所出现的，这就不能不将"市场化"与其发展联系。事实也说明，我国城市零售业的发展正是在流通体制改革的前提下实现的，是在市场化过程中实现的。我们也相信，我国城市零售业将在现有的基础上获得更快、更好的发展，但是必定会是在我国经济体制市场化深化发展的过程中实现的。

（本文发表于《天津商业经济》1999 年第 4 期，作者周泽信）

我国国有批发业的变革与发展

经过 20 年的改革,在我国传统商品流通体系中占有重要位置的批发业已经发生了根本变化。但当前严峻的市场竞争局面、新的产业发展结构、新的零售业格局,都将对批发业提出挑战。因此,要保证国有批发商业持续稳定发展。深化对这些问题的认识。从而确立发展方向无疑是有着现实意义的。

一、国有批发业的变革与现状

20 世纪 50 年代初期,当时的商业部在上海、天津、武汉、广州等工业较发达的中心城市,分 8 个行业(百货、纺织、针织、五金、交电、文化、化工、石油)组建了面向全国的中央一级采购供应站,负责收购当地工业企业产品,通过计划向全国分配、供应。与一级站相接应的是在各省市、地区、县等行政所在地建立了二级、三级采购供应站,除个别大型零售企业,绝大多数零售企业按产品调拨计划在二级、三级站购进工业品,组织销售。这种工业品流通体系是由国家计划集中控制的统一生产、统一收购、统一包销的模式,在相当长的时间内起到了发展生产、稳定市场等作用。进入 70 年代末期,随着地方工业,特别是乡镇、队办工业的发展,原有的流通体系已经矛盾重重,原有的供应、分配、销售的流通体系受到挑战,商品经济的运行方式已经悄然在流通体系内开始。到了 80 年代中期以"三多一少"为目标的流通体制改革开始,我国传统商业发生了突变,处在"多环节"矛盾中心的批发业,包括原有的一级、二级、三级批发站立即陷入困境,加之当时三角债的困扰,大多数批发企业资金周转不灵、库存积压、新的业务停滞,纷纷亏损,负债累累。"主渠道"、"蓄水池"的功能也随之消失。到了 90 年代初,自 50 年代建立起来的高度集中的按照计划配置生产、供应、销售资源的流通体系不复存在。

在困境中,国有批发商业加大了改革力度,注意体制和机制的变革,利用自己的销售网络、经营信息、设备技术、经营经验、人才等多方面具有的优势,经过苦苦挣扎,终于寻找到并摸索着建立了各种形式的专类商品的批发中心、国内品牌及国外名牌的国内代理与地区代理、仓储式购物商场等业态,终于又确立了自己在市场中的地位,并逐渐地在总结经验的基础上筹谋自己下一段的发展。这一变革的实践告诉人们,批发是整个社会商品流通过程中必不可少的一个环节,市场经济体制内的社会商品流通是为批发的存在和发展留下空间的。其一,生产企业欲图建立自己的销售体系,在市场竞争激烈的今天,由于销售经验、经营信息、聘用专门人才、资金不足等一系列障碍,往往是鞭长莫及,最好的选择是寻找一个可靠的、有实力、有信誉的批发商去解决销售问题,国有批发企业以其信誉自然成为首选。其二,我国目前零售商的核心依然是百货商店,经营千万种不同品种、不同规格、不同价格的商品。如果自身去跟千万个厂商打交道,必然会遇到商品价格信息、专门人才不足、费用过大等一系列障碍。因此,与其自己建立配货中心,远不如选择一个或多个经营专项、专类商品,有信誉、有实力、可靠的批发商来承担供货。

二、批发业在社会商品流通中地位的再认识

社会商品流通,国外称之为"供应链",也有称之为"供需链"的。因为市场经济发展到一定阶段后,在大部分产品都是买方市场条件下,社会商品流通过程从过去保障供给转化为满足各种需求的目标上来了,满足需求已经成为供应链上每个环节活动的首要目标,从而突出市场需求对流通的重要影响。

传统计划经济商品流通过程见图 1-1。

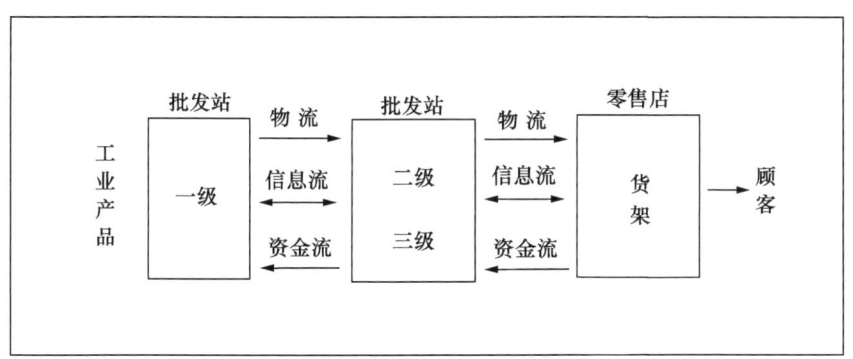

图 1-1 传统计划经济商品流通过程

现代市场经济商品流通过程(供需链)见图 1-2。

现代市场经济中的供需链含义已经与我们过去所认识的流通过程不同,而处在流通过程中的批发业,其地位作用也相应发生变化:其一,流通过程已经包括了生产商,即包括了生产过程,这是我们过去不曾认可的。所谓"大流通",其含

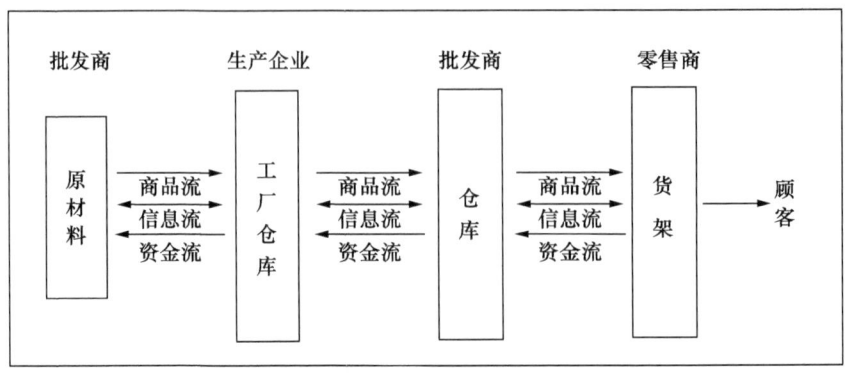

图 1-2 现代市场经济商品流通过程

义应该是包括这个至关重要的环节的,生产过程就是流通过程的第一环节。第一环节由供应商供应的原材料、零配件等的品质、价格、交货速度等已经决定了进入市场的商品的命运,决定了社会商品流通过程能否实现。可见,市场经济的"供需链"启示我们:社会商品流通过程的源头在生产企业的原材料供应,其主体就是原材料、零配件等物料批发商,显然,批发商的作用已非过去仅仅作为中间商的含义了。其二,依据市场经济竞争的观点看待"供需链"才能把握现代流通的真谛。作为流通过程源头的生产企业,为了使自己的产品在市场上具有竞争力,保持和扩大市场份额,又必须考虑有稳定的客户,而稳定的客户又必须有稳定的销售网与渠道;而为了保证产品的品质和技术含量又必须有可靠而稳定的原材料、零配件、协作件的供应商。生产企业与供应商、销售商的关系,不再是我们过去传统认识中的那种分享流通利润的对立关系了,而是利益共享、风险共担的合作伙伴关系,这样才能确保双方在市场中的地位,这种合作伙伴关系反映了现代商品流通过程中新的工商关系和批零关系。这种新型关系告诉我们,市场竞争有时并不一定表现为一个企业对另一个企业单对单的竞争,更多的时候是由一组"供需链"对另一组"供需链"的竞争,而这正反映了批发业变革的方向。批发,作为一个独立的商业单位存在已失去基础。与生产、零售业组合才是发展方向。其三,从价值创新的角度看,"供需链"中每一个环节都包括创新,批发业也不例外,这与传统的商业流通理论是不同的。传统的流通理论强调,只有在生产过程中才创造价值,而流通中是不增加价值的,应该说这是指劳动数量而言,而就创新劳动的劳动质量而言,流通应该也是可以增加价值(创新劳动的增加)的。市场竞争发展的现实告诉我们,企业仅靠成本、生产率、规模优势打价格战,已非现代竞争中最好的选择,只有靠技术、知识不断快速创新,才是竞争的真正出路。而知识、技术的创新已经不能仅停留在产品方面,"供需链"中的批发也必须相应地在信誉、运输仓储技术、信息网络、电子商务技术维护等方面不断创新，只有如此，"链条"才能发挥作用。

三、我国国有批发商业的发展

上述市场经济"供需链"中批发环节的地位、功能分析向我们启示，国有批发业在目前我国市场经济发展不成熟的特殊时期内，必须审慎地注意市场经济发展初级阶段的动向，既不能悲观也不能盲目地自行其是。应该在充分认识发展阶段中的特殊情况下，沿着现代市场经济体制内流通业发展的一般轨迹，寻找自己的位置，充分利用现有的优势和条件发展。

可考虑以下一些具体做法。

第一，注意向"专业配送中心"或"地区配送中心"方向发展。经过10余年市场竞争发展至今的我国工业企业大部分还不具备国外大工业公司那样的实力和规模，而中小企业，包括已经发展起来的私人企业虽然是向市场提供商品的主要供给者，但由于规模小，技术深度不足，资金实力不强等具体情况，决定了自身不可能建立自己的销售网，仍然需要依赖原商业系统内的销售体系。这就使得目前在设备、技术、资金、销售网络、信誉等方面仍有优势的国有批发业成为工业企业的必然选择。在这种情况下，原有的一级站仍可以作为龙头，依靠原有的二级、三级站向外延伸扩展，逐渐形成某种专项产品的"专业配送中心"或是某几类商品的"地区配送中心"。

第二，注意向"品牌代理商"方向发展。经过市场经济的推进，涌现出了一批在市场占有较大份额的著名企业，如家用电器行业中电视机、电冰箱、洗衣机著名厂商；电脑行业中的著名厂商；化妆品行业中的著名厂商；办公文化用品行业中的著名厂商；体育用品行业中的著名厂商，他们多数已经在市场中确立了自己的品牌地位，虽然有的已经设立了自己的代理，但多数仍然在激烈的产品市场竞争中无暇专注销售。而原国有批发业完全可以抓住时机，凭借自己的信誉与实力，与厂商联手，建立伙伴关系共担风险，发展为品牌、地区的、国内的代理。

第三，注意向"仓储式批发商场"方向发展。零售兼批发，这是零售业在市场竞争压力下的必然选择，目前有三种形式：一是利用名店效应开展社会批发，向中小零售商批发；二是大型连锁企业，由配送中心向社会的中小零售商扩展；三是"仓储式批发商场"，以零售形式出现向集团及中小零售商扩散。原因是批发商业在仓库、场地以及资金、网络等方面具有明显的优势，借此向零售靠拢，在以上三种形式中利用自己原有的在城郊接合部而很多已在城市扩建中进入市中心的仓库场地，投资建立仓储式批发商场。在地区范围内以零售形式出现，实则以批量商品向集团、中小零售店扩展,逐渐做大。同时,仓储式零售对一般家庭的消费也有很大吸引力,因而也可拥有数量可观的、购买力强的消费者。仓储式批发商场应该是我国原有批发商业在发展中新的机会。

综上所述,我国国有批发商业是我国经济体制向市场经济过渡中受到冲击最大的行业,在变革中它们经受了考验,在实践中已经走出困境。今后向何处去?变革的现实和国外经验告诉我们,纯商业的批发业随着市场竞争和生产社会化发展是要渐进萎缩的,而与工业企业联体的销售体系、与规模化零售业一体的配送中心是发展的必然。在我国市场经济仍不完善、生产社会化程度仍不均衡的今天,国有批发业必须未雨绸缪,向着地区配送中心、专业配送中心、品牌代理、仓储式批发市场发展才是持续发展的可靠选择。

(本文发表于《贸易参考(商务部经济研究中心)》1999年第24期,作者周泽信)

我国市场化进程中的零售业态及其结构

改革开放以来,在流通体制改革的推动下,我国城市零售行业已经进入了一个崭新的历史时期。主要表现:一是摆脱了传统流通体制的束缚,进入了一个以大型百货商店为主,包括外国著名连锁商店资本在内的多种经济成分、多种经营业态间的市场化竞争局面;二是改变了传统的经营业态格局和商业网点,新的经营业态不断诞生和进入,形成了以城市中心大型百货商店为中心,并向城市边缘、城市郊区辐射的,包括专卖店、超市、便民连锁店、农贸市场等多种业态并存的零售商业网络。在这个变动中也出现了一些问题,例如百货商店的重复建设、效益滑坡,分散经营的中小商店未形成网络,业态结构还不平衡等。需要我们正确认识零售行业以及其业态结构在市场化进程中的发展变化,从而在新的起点上处理好零售行业与生产、消费的关系,与城市发展的关系,推动我国零售行业向着稳定、有序的方向发展。

一、零售业态及其结构的现状与特征

1. 目前的零售业态结构

(1) 设在城市商业中心的大型百货商店。我国在计划经济时代,为了适应发展经济、保障供给的需要,在旧社会遗留下来的有限的百货商店的基础上,大力发展了城市中心的百货商店,发展速度应该说是较快的。改革开放后,特别是20世纪90年代以来,百货商店得到了迅猛发展。仅就北京而言,经营面积在1万平方米以上的商场(包括个别超市),1997年已有83家。百货商店在我国零售业态中扮演了主要角色,可以说是业态结构中的核心层。随着城市的拥挤、消费层次的变化以及行业内竞争的加剧,城市中心百货商店正在悄悄发生变化:一是面向富人阶层消费的豪华百货店;二是原有百货店改建、扩建,虽然内部设立了面向富人的购物区,但仍是面向"人民群众";三是在新居民区投资建设的面向一般群众消费的中小型百货商店。百货商店在不改变自身特点的基础上,由低向高，由小向大，由内向外在布局和结构上发生了新的变化。

（2）设在城市中心或富人聚居区内的名品专卖店。名品专卖店在计划经济时代数量甚少，也没有发展的可能，改革开放后由于收入差距的拉大，满足收入丰裕阶层消费的名品专卖店就成了必然。名品专卖店主要经营高档商品，消费对象明确，就是为富人阶层提供世界的、国内公认的名牌商品，提供最优良的购物环境，提供最细心的服务。以其典雅、豪华、时髦的文化紧紧地与富人联系在一起。同时还充当着引领潮流的角色，对普通百姓也有很强的吸引力。因此它在零售业中占据着重要位置，其地位不可低估，是零售业态结构中最活跃的因素。

（3）设在城市中心和城市边缘的超级市场。超级市场起源于西方，以方便、廉价著称。它提供的商品主要为食品和日用品，面对广大消费者，既包括高收入者，也包括中低收入者，有着广阔的市场。近些年由于百货商店竞争激烈，投资者看好了这个业态所面对的广阔市场，发展很快。目前超市在其发展中出现了三种类型，即大型、中型、小型。此种类型的区分是与居民区居民总量、交通状况、消费水平相联系的。相信用不了很长时间，超市在规模、档次、分布上将以更快的速度发展。

（4）分散在居民小区内的便民店。便民店，是分布在居民区内及边缘、贴近一般居民、方便居民零星购买的小店，这是我国城市零售业态发展中具有自身特点的业态。它是过去的蔬菜店、小副食店、小肉店、小百货店、小粮店改制基础上，充分发挥了原有网点分布合理、紧贴百姓的优势，又施以新的经营方式，深受人民群众喜爱。在我国人均收入水平还较低、低收入层次的消费者居多的今天，以至较长一段时间内，便民商店作为具有中国特色的业态将长期存在，同时它与普通人民群众生活息息相关，有着深厚的群众基础，有着广阔的市场，在零售业态结构中占据着重要位置。

（5）城市小商品批发市场与农贸市场。改革开放后，家庭联产承包责任制生产方式以及迅速发展的乡镇企业与家庭小工业，急需某种与其生产相适应的销售形式。城市商品集散功能使小商品批发市场很快在一些城市集中并发展起来，适应了农业小生产的需要。严格地说，小商品批发市场和农贸市场并不具备零售业态的含义，但它们是我们不得不予以注意的重要的"准零售业态"。它们的存在是我国现阶段乡镇工业、农业生产发展水平及人民消费水平的客观需要，随着乡镇工业、农业生产、人民消费水平的发展，它们自身会在市场竞争的作用下向规范化的零售业态发展。但是，它们现在的存在，以及在相当长一段时间内的存在是客观的，它们在城市零售业中所起到的影响和作用是不可低估的。我们只能在规范了的条件内支持它、管理它、引导它。

2. 零售业态结构的特征

我国城市零售业的业态结构与计划经济体制时的结构发生了根本变化。目前呈现的特征：

一是两头大，中间小的状态。所谓"两头大"即为城市中心繁华地段百货大厦林立，另一头为城市农贸市场摊贩群在城市居民集中区及边缘地区沿着街道两侧延伸发展，形成差别鲜明的对照。所谓"中间小"即专卖店、超市、便民店虽然在发展，但是其数量、功能和作用仍远不如百货大厦和农贸市场、摊贩群在消费者中占的位置重要。百货大厦在推动工业生产、带动消费方面起到了重要作用，同时也推动了城市发展，但其发展已经到了饱和状态。农贸市场及摊贩群随消费集中区发展自然而生，它在满足人民群众日常鲜活商品消费方面起到了无可替代的作用。但存在的问题比较多，层次很低。此种状况说明我国城市零售业态结构不均衡。

二是某些业态随着生产的集中和消费的层次化发展而出现内部分化。稍加注意就会发现：①百货商场再不是过去"千店一面"的形式了，内部已经在分化，层次出现了。有代表性的如北京的燕莎商城、上海的巴黎春天、天津的伊势丹等，虽然是百货商店，但它们以其典雅豪华的身姿屹立在我国大城市之中，中小百货商店也在悄然发展，以它们贴近普通百姓的经营特色，满足社区内消费者的需要。②专业店、超级市场等新的业态，随着生产、消费的发展，内部也在分化，高级、中低级的区别愈加清晰，各自选择自己的生存空间。在北京我们一边可以看到"家乐福"，另一边可以看到"物美"，同是超市，但不在同一层次。这种状况说明我国城市零售业态结构仍在变动，向着层次清晰、高低有序的方向发展。

三是超市、便民店等业态正在向连锁、规范化的组织制度方向发展。我国连锁商业仍处在起步阶段，规模化程度不高，组织制度运作方式等仍不规范，但毕竟会随着市场发展的要求而发展。目前，已经有一些连锁店，如上海联华、北京"好邻居"、天津"消费合作社"等均已显露出连锁市场的优势。我们相信，连锁的发展是我国商业在市场经济中发展的必然，必将使我国目前城市零售商业网络更加紧密、稳定、均衡，更有效率。

总之，我国城市零售行业业态结构已经根本不同于传统业态结构。目前呈现三个趋势：①这个结构是在转轨过程中呈现的，还不是很严谨，仍有不稳定的因素，处在一个快速变动时期，方向是均衡、稳定、有序。②结构中的各种业态与西方正规的业态相比仍有差距，随着市场的发展，竞争的加剧，正在向成熟方向发展，包括向连锁化、专业化、规模化方向发展。③这个结构是顺应现阶段我国社会经济特点发展起来的，是符合国情的，显然有些很不规范（个体门店）甚至很落后（如摊贩群），但是，任何业态和形式都会在市场化进程中随着消费水平提高和消费结构的演变，通过自身的"扬弃"，实现向高层次业态发展。

3. 零售业态及其结构的生成

城市零售业态、业态结构的生成有其一般规律，即由经济发展水平所处的阶段、市场的消费总量和消费结构、消费特点和城市发展水平等决定的。同时，业态、业态结构总是在一个特定的历史环境内生成的，因此发展的历史特殊性就不得不考虑。我国 20 世纪 90 年代以来的业态状况，根本上说是受经济发展和消费等决定的，但是市场化制度的建立和推进则是它们发展变化的动因。经过近 20 年的改革，我国国民经济的市场化取得了具有历史意义的进展，市场化程度由 1978 年近乎为零发展到目前的 50% 左右，这个变化是相当深刻的。以此为依据，可以说我们已进入了"准市场国家"。[①] 这种在中华民族文明史上未曾有过的国民经济市场化制度的变迁，无疑对我国城市零售业的发展起到不可低估的作用。事实上我们从零售业业态的转换、发展中已经看到了市场的力量，已经看到了市场化作用的影响。

其一，业态类型的选择，以非政府所为，基本上是由市场机制调节的企业行为。近几年，我国城市零售行业内出现了大家都极为关注的一个问题，即由大型百货商店重复建设导致经营规模与现实购买力脱节；规模档次扩张与效益滑坡矛盾的现象。应该说 20 世纪 90 年代以来大型百货商店的"重复建设"已非计划经济时代的"重复建设"了。20 世纪 80 年代初，我国城市商业以落实企业自主权为主，继而开始了"三多一少"为目标的体制改革，城市商业面临的环境发生了突变，处在流通中间环节的批发企业立即陷入困境，而处在流通终点与消费者直接联系的零售企业，为了减少中间环节甩掉了原有的批发商，直接与生产者挂上了钩；生产部门也为了甩掉不必要的中间商，争相与零售企业结合，这种"结合"已经体现了企业的自主，是市场经济中流通规律决定的自然"结合"，节约了流通费用，密切了生产与消费的关系。加之改革初期遇上了自新中国成立以来没有的消费高潮，"排浪式"的消费使零售商获利匪浅。大型百货商店在改革初期不仅没有失去原有的"市场"，反而扩张了自己的"市场"。零售业在流通体制改革中的得益，加之改革中消费领域中出现的偶然因素，繁荣的百货商店必然招引更多投资者的进入，这就是我们看到的大型百货商场不仅在数量上而且在档次上的历史性的扩张。多数人认为这是政府行为导致的，我认为并非如此。虽然不能完全排除政府行为，但如果没有流通体制"三多一少"的改革，这种速度的扩张是不可能的。一个不能忽视的现实是，在市场面前，我们的经营者仅仅是一个初学者，缺乏市场经验，不到危机出现并造成损失时就不可能醒悟。这就是我国在市场化初期中产业发展的现实，超越这个初期去思考、去做出结论是不科

---

① 顾海兵. 中国经济市场化程度的判断 [J]. 改革, 1995 (1).

学的。与此同时,也有一个与之相反的不争事实,即仍然有新投资者挤进大型百货商店低效率竞争行列时,已经有相当一部分聪明的投资者把目光悄悄转向零售业中其他的经营业态了。原本拟投向百货商店的资本,已经在超级市场、购物中心、俱乐部式的仓储超市、连锁的便民店等方向上进行选择了。我们不熟悉的"看不见的那只手"已经在心底业态的选择上做文章了。显然,将政府行为作为大型百货商店过多、过大的原因是不能令人信服的。我认为,从另一个角度分析,我国城市零售业态从20世纪90年代中期呈现的多样化结构,正是由于大型百货商店业态过于集中、竞争过度、效益低下的直接结果。这就是市场机制调节企业的企业行为,是市场化进程中的必然。

其二,业态类型的选择已与企业"市场定位"即目标市场的选择紧密相关。在近几年结构的变动中,不论国有商业或是非国有商业都深知"市场定位"的重要性了。经过20年的改革,我国流通体制发生的根本改变,不仅仅表现在经济关系方面,也表现在经营者的经营观念方面。过去"千店一面",是因为我们的商业企业的经营宗旨就是为生产、为消费服务,而所谓面向消费者就是面向普普通通的没有贫富差距的工农群众,自然"千店一面"足矣。而在市场化推进的今天,贫富的差别、消费的层次、消费区域的差别,已使经营者开始改变他们的经营观了。"先富者"已非个别,而是构成了一个阶层,他们的消费绝不等同于普通劳动者,甚至已经完全不同于中等收入者了。今后再不会有20世纪80年代末的"排浪式消费",消费已经进入"层次性消费"与"个性化消费"了。不分层次不突出个性的经营不可能有存在的余地,于是与"市场定位"相联系的满足层次性消费、满足多样化消费、满足个性化消费的经营业态就成了发展的必然。

零售商业经营业态的多样化多层次是与消费的多层次多样化紧密联系的。市场定位在什么消费层次上,就会有相应的经营业态。多层次的消费,必然带来多样化的业态,形成结构的多层次。这是市场发展的内在要求。

其三,业态类型的选择,是我国市场经济发育过程中企业低成本扩张的自然选择。自我国流通体制改革以来,以大型百货商店的发展为契机。国有商业、外国商业资本、民营商业、私营及个体商业都在激烈争夺着零售市场。竞争作为市场经济的天然机制,迫使企业必须保持低成本运作,从而保持竞争力。就企业而言,不外乎两个方面内容:一是保持投入,改善技术,实现产品创新,争取高价格优势;二是改善企业制度,加强管理,降低成本,争取低价格优势。近几年当城市中心地租攀升,利用地租级差,保持低成本投入,选择城市边缘或近郊建立购物中心超市就成了趋势。当分散的中小商店形不成批量进货优势而增大经营成本、销售额下滑时,不得不选择连锁形式。业态的选择是有内在动因的,这就是市场经济的天然机制。

综上所述，我国零售行业目前的状况，是在传统计划经济基础上经过20年流通体制变革后出现的，是在市场化进程中实现的。今后要保持我国商业的持续发展，使业态结构的发展均衡、稳定、有序，必须加速加深"市场化"。这就是我在此文中要表明的。

参考文献

[1] 刘伟．工业进程化中的产业研究［M］．中国人民大学出版社，1995.

[2] 李新春．企业战略网络的生成发展与市场转型［J］．经济研究，1998（4）．

[3] 于淑华，罗吉芬．我国零售业务方式现状的调查和建议［J］．商业经济研究，1996（7）．

[4] 冯炜，董进才．我国零售业革命浅析［J］．商业经济与管理，1996（6）．

[5] 史明霞．我国城市大中型零售商店经营环境分析［J］．商业经济与管理，1996（6）．

[6] 顾国明．零售业：发展热点思辨［M］．中国商业出版社，1997.

[7] 高明华．中国企业市场化——含义、测度及国际比较［J］．中国研究，1997，10，12.

[8] 陈宗胜．中国经济体制市场化进程测度［M］．上海人民出版社，1999.

（本文发表于《财贸经济》2000年第1期，作者周泽信）

"入世"对批发商业的影响及对策研究

我国国有批发业经过20年风雨变革后发生了巨变,原有的流通体制及经营业态已经不复存在,一个基本适应市场经济发展局面的新格局正在开始形成。但是,市场形势的发展仍是严峻的,面对即将进入世界贸易组织(WTO),我国传统批发业如何发展是一个值得重点研究的问题。

一、躲不过去的竞争与变革

竞争,是市场经济的根本机制,参与竞争就是不断变革,对于批发业来说也是如此。变革,包括组织制度,生产经营过程,业态形式,营销策划等方面的变革。没有变革的企业,在市场经济体制内是不可能存在的。

我国国有批发业已经面临着来自两个方面的挑战:①科学技术不断创新所引发的传统产业结构的变革。对于传统商业来说电子商务的经营业态正在向我们逼近,它必然影响我国商业的变革。②经济全球一体化所引发的全世界范围内的资源配置。以高科技为特征的跨国公司已经成为或即将成为我们新的对手。此两种挑战是根本的,它们将加速新的产业革命,从而导致产业结构在世界范围内的变革和催促着我国产业结构的变革,必然引发商业的变革。从这层意义上说,WTO的进入与我国批发业的变革并没有直接的联系,是上述两种挑战所引发的产业结构的变革决定了我国批发业必须变革。WTO是经济全球化的一种载体,它是一种国际范围内的贸易组织,是组织内全体成员认可的一种贸易规则。加入WTO就是要加入经济全球的行列,就是要参与国际竞争。自然,WTO就与产业变革、商业变革发生了联系。

应该认识到我国加入WTO,将会直接影响和冲击我国批发业,批发业所面临的市场环境将更复杂,竞争将更激烈,局面将更严峻。首先,面临的竞争对手已非我们熟悉的、竞争实力不分高低的国内对手,而是我们不熟悉的强国跨国公司。这个对手有几点要注意:第一,它们有着丰富的国际市场竞争的经验。在确立市场调查研究、市场分析定位、行业结构进入分析、经营战略选择和运用,以及国际市场商务活动法律等方面明显地比我们成熟。第二,有着很强的资本及资本运作实力。他们不仅在企业自有资本、企业集资能力,国际银企关系方面富有实力,重要的是他们在资本输出的运作方面有着丰富经验和调整投资结构的判断力。在将资本与产业发展融合能力方面明显地高于我们。此点很重要,是他们在残酷的市场竞争中规避风险,取得发展经验的积累,绝非朝夕能取得的。第三,有着很好的技术开发和技术运作的能力。在流通业方面,他们在物流配送体系、信息系统支持、稳定而守信的供应商、销售商体系方面的技术设备和技术转移等都优于我们。而且熟悉技术在市场中的商业运作及知识产权保护。最后还有一点值得提出来的,是我们在近些年隐隐意识到,但还未引起我们足够注意的,即他们在长期的残酷市场竞争中培育出的敬业的企业精神。当然,事物仍要从另一方面分析,虽然我们所面临的对手有着足够的优势,也不可能不存在劣势。分析起来,一是他们进入中国市场需要在一个他们生疏的投资环境内发展,从而要投入更多的精力、时间,在决策方面要增加交易费用。二是他们需要与投资国内新的供应商、消费者打交道,从零开始建立一个有信誉的关系网、信息网,以及需要投资重新宣传自己,这些都要增加交易费用,加大投入的成本。三是他们要在一个与自己的价值观念、文化习俗差异很大的投资环境中经营,包括意识形态的差别,从而在管理等方面的调整要在一个相当长的时间内去适应。最后一点是他们进来,即便强大也不可能"一手遮天"。在区域、专业市场、市场层面等方面不可能全面覆盖,从而为我们拓展与自己相适应的市场提供了发展的机会。

我们在分析了竞争对手情况下,在以下两个问题上须保持清醒的认识:第一,我国国内市场已渐趋成熟,而且速度正在加快,供给大于需求,或者供给结构跟不上需求结构,即供给不适应需求已成为市场中的绝对现象,那种买卖好做,赚钱容易的可能性再也不会出现了。只有踏踏实实在变革中提高实力,在竞争中学会竞争才是唯一选择。第二,经济的全球化,从我们传统的意识中去分析,往往会联想到"帝国主义列强"这样的概念,也往往会将"民族工商业"摆到一个与全球经济一体化对立的思路上去认识。应该正视经济的全球化内含着跨越国境的不公正,资本与技术结合的强国占据着商务活动的有利地位,导致贫弱国家在财富分配上的不利,拉大贫富差距。但是,只要你站在历史发展的视野里去思考,包括东南亚发展中国家进步的例证,以及我们改革开放20年发展的例证,你都会坚实地认为开放是正确的。"民族工商业"在封闭状态下,在国家长期提供保护的状态下,是难以得到发展的。要知道,经济的全球一体化是科学技术、生产力发展到21世纪的必然,这里不存在你愿意或不愿意,它是摆在我们面前躲不过去的。关于这个问题,邓小平同志曾明确地告诉过我们。加入

WTO，迎接参与国际竞争的挑战，是摆在我们面前现实的选择。

以上分析，是我国批发业在我国进入WTO是否取得发展的基础，是我们制定自己发展战略和竞争策略的前提。

二、发挥禀赋资源优势变革批发业

加入WTO就是参与更大规模的国际竞争，不仅在国际市场，同时也在国内市场上开展与更强的对手竞争。在竞争中我们是发展中国家，应该说我们的经济实力远不如发达国家，面对强手从根本上说就是要经过较长时间的磨炼，不断积累竞争经验，从而提高自己的经济实力。这里有两点要注意：一不能因为我们落后，急于赶上去，产生急躁情绪，不按发展经济的规律和发展批发业的规律办事。二不能因为我们落后失去民族自强的精神而在企业发展中失去自信。在国际竞争中，发展中国家和地区如韩国、新加坡、泰国，以及我国的台湾地区都有很好的经验借鉴。特别是我国改革开放20年发展的经验同样也证实了一个道理：在国际竞争中只要我们遵循经济发展的规律，自强不息，是可以在较短时间内得到发展并缩短与发达国家差距的。

发展经济学的原理告诉我们，与强者在国际市场中竞争，弱者必须注意自身禀赋资源的比较优势。概括说有三点：①发展劳动密集型产业，充分利用我国拥有大量普通劳动力和低工资的比较优势，创造低成本参与竞争；②充分发挥国内本土市场的禀赋资源潜力，利用自己熟悉和已建立的传统产业基础、供货系统、销货系统、信息网、人才网，降低交易成本参与合作、参与竞争；③学会充分利用发达国家已经获得的技术、管理和资本优势以及经验，在引入、借鉴、合作的过程中以较低的代价提升自己的技术管理水平参与竞争。根据以上三点重要的发展经验，依据商业批发业发达国家发展的经验，在客观分析自己禀赋资源基础上，我国批发业的改革与发展策略选择如下：

第一，加快向"专业配送中心"、"地区配送中心"业态发展。目前我国工业体系发展不平衡，中、小企业颇具实力，仍占据着一部分市场。但规模小、分布零星、资金实力不足，不可能自己分出精力建立供销网络，仍需中间商，而进来的国外大公司无暇顾及中下层、零星市场。正是此种市场禀赋资源，为我们批发业提供了获取自己发展的自然空间。

第二，加快向"品牌代理商"业态发展。品牌代理，是批发业发展中的一类业态。目前我国某些国有品牌已经在国内市场中形成了一定的实力，如家电、电脑、服装、洗涤化妆品等。他们在近些年曾依托国有批发业获得发展，自然存在着"民族情结"，何况有些行业、厂家在历史上就有自然联系。加快与他们结成伙伴关系，共担风险是可取的。

第三，加快向"仓储式超级市场"业态发展。业态发展规律告诉我们批发失去与零售共存，单独存在效益不高。批发兼零售，将现有批发业态转换成批零兼有的业态，"仓储式超级市场"业态是我国批发业的最经济有效的选择。"仓储式超级市场"以零售商场经营形式出现，实则以小批量批发供应为主。在这个业态上我国传统批发业禀赋资源独具，完全可以利用现有的城郊接合部仓储场地就地"转型"。经验已经证明，稍有精明意识的批发企业已经在这个转型中站稳并发展了。

第四，充分认识"电子商务"在业态发展中的革命意义，积极做好准备，适时地将"网站"资源与自身传统禀赋资源结合，发展"电子商务"。电子商务是商业业态发展至现代科学技术阶段内的必然，是信息技术与通信技术发展至今商业业态的一次革命性转变。目前虽然它在商品配置体系，银行、企业、消费者三者之间的结算体系，信用关系等方面仍需与网络技术适应，仍存在许多有待完善的内容，但是电子商务在节约商家采购费用，虚拟的不占用营业面积，节约人力资本投入，迅速得到信息节约交易费用等方面无疑是具有任何一个历史阶段内的业态所无法相比的优势。它的发展代表着一种方向。从这个意义上说，消极等待、观望是不行的，必须抓紧时间，积极创造条件，从简单开始，从局部起步积累经验，逐渐发展。

综上所述，从本质上说我国加入WTO与批发业变革并无直接联系，商业的变革是受科技革命，产业结构发展导致竞争程度加剧决定的，而加入WTO致使竞争环境更加严峻。因此要求我们不仅要加速变革，而且要看准变革的方向。发展经济学的原理告诉我们，一个国家、一个地区最有竞争力的技术、产业结构决定于自己禀赋资源结构，发展中国家在国际竞争中要赶上发达国家，根本问题在于禀赋资源的比较及比较优势发挥。面对我国即将加入WTO，我国批发业的发展也不例外。

（本文发表于《天津商业经济》2005年第5期，作者周泽信）

中 篇
中国商业企业的改革逻辑与经营战略

试论商业企业经营决策的指导思想

党的十一届三中全会以来，随着我国经济体制的改革，商业区企业管理体系也进行了一系列改革，比较重要的是扩大企业自主权，推行经营责任制。自此，从商业企业内部看，经营上有了一定程度的自主权，同时，企业外部也发生了深刻的变化。这是新中国成立以后出现的新情况，是国营商业企业没有遇到过的新问题。面对着这种新情况，商业企业如何在国家计划指导下搞活经营，实现商业企业所负担的任务，就成了一个新课题。从近两年出现的情况看，多数商业企业能很快领会改革的重大意义，转变旧的经营思想，适应新情况，经营成果不断扩大，效益不断提高。部分商业企业还不能很快适应，经营思想转变得慢，不能较好地运用手中的自主权，经常导致经营决策上的失误，买卖越做越难，甚至连年亏损。还有一小部分商业企业，面临新情况不知所措，转而滥用自主权图取不正当利益。后两种情况正如胡耀邦同志在党的"十二大"报告中所提出的："目前商业网点和设施严重不足，中转环节过多，市场预测薄弱，在经营思想和管理方面都有许多问题需要解决。"

目前，商业企业在经营中不仅要完成国家下达的计划指标，而且要为自身的发展制定目标并努力去实现这个目标。同时，企业外部环境出现了市场竞争和"三多一少"（多种经济成分、多种经营方式、多渠道、少环节）；国内市场商品供应日渐丰富；人民群众购买力有了较大提高；消费结构和消费习惯正在变革。这种复杂局面的出现，使商业企业经营增加了难度，如何适应这种变化，首先就要求商业企业经营的主要职能决策进入一个新的境界，必须在决策的指导思想上来一个转变，要由过去只重视内部而忽视外部向既重视内部又重视外部的指导思想过渡。

商业企业的经营活动不是孤立的社会经济现象。它要受到国家政治经济形势、国家方针政策、国家计划、市场供求关系、社会生产、同行业经营状况等外部环境制约，同时又要受企业内部人、财、物、设备、商品及经营思想的支配。如何实现企业内部条件与企业外部环境的平衡，这正是经营的主要职能决策所要解决的问题。因此所谓商品经济决策就是：商业企业在国家确定的行业分工内，在一定经营要素（人、财、物）的支配下，按照党和国家的方针政策，为实现经营目标（国家下达目标、自身发展目标），在可供选择的方案中选择最好方案，并从多方面付出努力加以实施与控制的过程。从这个定义中可以看出，决策实际上是企业在既定经营思想指导下使企业内部条件与外部环境在动态中实现平衡的一个经济运动过程。既然存在这种经济活动，就存在有一定的人的思想去支配这种活动。这种支配着经济决策活动的意识，就是经营决策的指导思想。凡是正确的指导思想都必须是和客观存在相吻合的。例如按照现代企业决策理论的说法，由于社会化大生产的发展，市场竞争的激化，强调企业必须保持有内外协调的系统经营的指导思想。否则，企业是不能在纷繁复杂的环境中生存和发展的。

目前我国商业企业正处在改革的大变动中，如何适应这种变革，作为商业企业的领导者来说，必须有一个正确的思想去指导自己的决策实践，这就是：在新形势下，加强企业内部管理，充分发挥企业经营功能，在搞好市场调查与市场预测的基础上，提高企业应变能力。这个指导思想包括以下几点内容。

第一，必须使经营的各项业务决策围绕着市场供求关系进行。

前面我们谈到了经营就是不断地使企业内部条件与外部环境在动态中使之平衡得到决策过程。一般说目前我国商业企业内部条件是比较稳定得到，而企业外部环境则处于一个非稳定状态，且这种非稳定状态是企业难以控制和以自己意志来调整的。因此，企业经营的注意力必须放在外部，特别是市场的供求关系上。三中全会后短短几年，我国经济状况有了根本好转。农业由过去停滞不前变得欣欣向荣；轻重工业、积累消费比例得到调整；人民生活有了显著改善。目前国内市场上的农副产品、食品、工业消费品的供应日渐丰富，商业企业经营的国家计划分配供应的商品范围逐步缩小，很多商品的供求都已直接受市场供需状况变化影响。商业经营上的"皇帝女儿不愁嫁"的局面正在改变，这就是大家所说的我国国内市场正由过去的"卖主市场"向"买主市场"过渡。这种变化要求企业领导人必须改变旧的指导思想，把注意力集中到市场的供求关系上来。

商业企业业务决策包括采购、推销、合理库存、降低费用、加速资金周转、提高服务质量等。如何使这些决策能围绕着市场进行，我认为关键在于把精力集中在商品采购决策上。这对于批发和零售企业都一样，只是具体做法上不同。现代企业经营思想中常说：企业最大的浪费莫过于采购无人购买的东西和进行过量的储备。这是值得目前我们在经营中深思的。当前，特别是工业消费品生产部门改革时间不长，经营水平不高，很多企业仍在调整之中，生产的部分产品带有盲目性，对市场的适应能力较低；地方及社队企业的工业消费品在我国市场上占有一定比例，他们的产品通过各种渠道进入市场，质次价高的占有相当部分；加之生产、流通领域还存在一些暂时的混乱现象,计划管理不周和不严,价格体系还不尽合理等。这些都是我国商业企业应该充分估计到的。从企业内部资金使用上看,由于银行贷款利息的增高,要求企业必须把决策的重心放在商品采购上,能否采购到适销对路的商品已经成了企业性命攸关的大问题。到今年9月底,我国全民所有制商业的商品库存比年初增长17.2%,占商品库存总额的13.2%,商业流动资金周转速度也比去年同期延缓①。面临这种情况,企业领导人在商品采购决策中一定要善于审时度势,准确地把握住市场中的产、需信息,"摸着石头过河",对于市场中出现的新情况,在没摸准时不能随大流,不能轻易做出决策。切忌利大多进,利小不进,必须坚持以消费者的需要为进与不进、多进与少进的标准。在这里我们仍然强调"以需定购",它是采购决策中的信条,说起来容易做起来难,能否做到这一条就看决策人对市场供求信息掌握的程度了,俗话说"业务精不精",其中心意义也就在此。在掌握市场供、求信息过程中要把握住它的科学性、准确性、规律性。谈到这里我们想要强调两点:其一,对市场中供求信息的掌握不能单凭一时的市场调查和市场预测所提供的数字,这只是量的分析,它仅是一方面,还必须与决策者丰富的多年积累起来的经营经验结合起来。决策者要善于敏锐地观察市场中所可能出现的质的变化,把握住方向。在这个问题上来不得半点主观,也来不得半点幼稚。其二,商业企业,特别是批发企业对生产部门不是无能为力的,最起码能起到信息反馈的作用。商业企业要支援生产,就必须与生产部门通力合作,提高产品质量,增加花色品种、改进产品款式性能,加速商品升级换代以满足市场多变的需求。

商品采购决策时商业企业各项业务决策的基础,企业领导者能准确地把握住采购决策也就能促进其他各项决策顺利实现。

第二,注意企业内部的管理,把企业组织成一个善于应付外界变化的整体。

目前,我国国内市场,特别是工业消费品市场正在开始由"卖方市场"向"买方市场"转化。"买方市场"的出现对商品质量、花色品种、规格式样,要求高了,变化快了,即挑选性增强。消费者购买心理也发生了变化。国内市场出现了过去从未曾遇到过的许多新情况,例如,前两年很多人认为我国城乡居民购买力大大提高,社会商品可供量还暂时跟不上需要,市场可能会出现紧张局面。恰恰相反,自去年以来,市场商品供应虽比过去丰富多了,但仍然呈现城乡居民"储币待购,持币选购"的局面。一方面应该说商品仍然不能适销对路;但另一方面也要看到人们消费心理正在发生变化,如某些商品价格国家虽然一再降价,但消费者仍然等待、观望,不急于认购。诸如此类情况曾使很多商业企业领导者

---

① 吴同光. 要经常研究市场供需状况的变化[N]. 人民日报,1982-10-17.

感到市场的供求情况确实和过去不大相同了。这种新形势下的新情况也正逐渐向深度发展，这就为市场调查和市场预测提出了更高的要求。对于市场中供求关系的复杂变化，虽然难以控制，但也不是一筹莫展。在这里需要注意两点：其一，要保证信息畅通，使企业内部随时处于应变状态，信息是沟通企业内部与外部环境的主要基础，外界变化的量的界限，只能通过信息传导到企业内部。要应付外界的变化，只有细心观察外界，对信息抓得快、抓得准，同时要传得快、分析得快、决断得快，只有这样才能为决策提供多方面的情报和资料，减少风险，使决策在一个较安全的状态下实施与完成。其二，要把企业组织成一个能动的整体。我国商业企业，特别是大、中型企业，内部机构复杂，人员众多。经营中各环节内部分工不同，稍一疏忽就易造成不协调，内部一旦不协调，信息易受阻，协作受影响，应变能力下降。因此，要求内部各职能科室、管理部门要相互协作、团结一致。要求各环节有权、有责，防止推诿、拖拉、无人负责，以致贻误时机。同时，要求有一个高度集中统一指挥的领导班子。只有这样，企业才能成为一个有机的整体，才有可能随时应付外界的变化。

第三，企业在决策中要善于处理与外界发生的各种经济关系，稳定外部环境。

企业经营的外部环境稳定与不稳定的程度对企业实现决策目标关系重大。从主观上说，企业都希望在一个比较稳定的环境中活动，以避免出现不必要的风险，但往往这只是愿望。例如消费者的需求动向、流通领域内的竞争、党和国家政策的下达都不是企业所能控制的。但是这里要强调一点，企业是有自己的活力的，不是完全处于一种被动状态去消极地适应外部环境的，而是可以发挥自己的能动作用去设法稳定外部某些可以稳定的条件。例如，前几年当竞争进入我国市场时就强调，竞争是社会主义竞争。但有些企业忘记了社会主义同行之间不仅仅是竞争，还有协作关系，于是他们在经营中"见利忘义"，人为地制造与外部环境的紧张关系，把各种关系闹得很僵，其结果使自己在孤立的比较风险的环境中经营；相反，更多的企业高瞻远瞩，善于处理各种关系，稳定外部环境，努力创造一个和谐的环境去实现决策目标。举一实例：上海某一级站经过市场调查了解到沈阳市附近市场畅销上海市场已经滞销的文化产品，于是领导人做出开辟这个市场的决定。依据当时国务院、商业部政策精神，制定了四个方案：越过沈阳二级站，直接向三级站供货；选定沈阳市内某大型商城举办展销，邀请三级站代表选购；选定沈阳市附近某中心三级站举办展销，邀请附近三级站参加；委托沈阳二级站并派人协助在沈阳二级站举办看样选货会，邀请三级站选购，销售盈利双方协商分成。方案制定后，先征集各方意见，最后企业把处理好与沈阳二级站关系摆在首位，宁可减少盈利，也要处理好同二级站关系，选择了最后一个方案。

从盈利上看减少了，但却起到了使企业保持稳定经营的缓冲作用，也体现了社会主义企业之间的"兄弟关系"。

总之，市场供求关系发生较复杂的变化之后，外部非稳定因素增加了，加深了企业内部与外部的矛盾，给经营带来了新的难度。因此在决策时要注意将外界出现的非稳定因素转化成在一定程度内的稳定因素。目前，一些商业企业实行的工商联合调查与预测、联合设计新产品、联合经营；商业企业与商业企业联合经营；用合同固定产销关系、供销关系等都是稳定外界环境可行的范例。

第四，企业在决策中必须树立本企业的信誉。

社会主义商业企业经营的根本目的是"发展经济、保障供给"，在这个总方针规定下，社会主义商业企业经营决策的战略目标应该是：在党和国家方针政策指导下，用最好的经济效果去实现使消费者满意的服务效果。在这里应该强调的是经济效果与服务效果二者在决策目标中不是出于平衡地位，服务效果是主要的，经济效果是次要的，这是由社会主义商业企业的性质所决定的。在这里应该引起注意的是一些商业企业在推行责任制后，将两个效果的位置本末倒置了，把利润放在了首位，忽视了服务效果，导致服务质量降低。甚至把资本主义的一套经营作风，诸如封锁消息、挤压别人、偷税漏税、行贿受贿、掺杂使假、短斤少两等搬进了社会主义企业，坑害了国家和消费者的利益，丧失了社会主义企业的信誉。

社会主义商业企业经营决策所要追求的两个效果，虽然主次不同，但它们在经营中是相辅相成的关系，是有一致性的。例如在做出扩大销售额决策时，就必须把提高服务效果的办法列入措施中，如增加花色品种、增加服务项目、延长营业时间、改善店堂环境等。两个效果在经营活动中是同时取得的，任何企图降低服务质量的做法，只能导致自己企业信誉的丧失、经济效果的下降。

信誉是服务效果的终极产物，盈利又是经济效果的终极表现。经济效果与服务效果在经营中是一致的，信誉和盈利在经营中是不能对立和分割的。因此，企业领导者在决策时必须要树立本企业的信誉，只有这样才有可能顺利地实现决策目标。

总之，我国商业企业经营已经进入了一个新的时期，这是我们大家所不熟悉的。因此一定要在实践中不断总结经验，善于用正确的思想去指导经营决策，只有这样才能实现经营决策的目标。

（本文发表于《河北财贸学院学报》1983年第2期，作者周泽信）

商业企业经营管理系统初探

商业企业在其经济活动中需要维持两个层次的平衡。一个是企业内部要素的平衡，另一个是企业内部与外部环境的平衡。在这里暂且规定，第一个问题是企业管理要解决的，第二个问题是企业经营要解决的。因此，研究微观经理系统，必须从经营与管理的统一性上把握，才有可能正确认识微观经理系统内各要素的矛盾活动，从而正确掌握和运用这两种控制与调节系统活动的方法，使系统按照人们预想的目标运行，取得好的经济效益。

一般系统论认为，凡是由相互作用和相互依赖的若干组成部分结合而成的，具有特定功能的有机整体，就是一个系统。

商业企业为使商品实现从生产领域到消费领域的转移，必然与外部生产者、消费者发生联系，从而使企业内部要素与外部要素构成另一个相互作用、相互依赖的整体。这个新整体无论是要素的量上，还是要素作用的空间和时间的范围上，都比原来那个整体向外层次发展了，构成了比企业更大的整体。这个整体内容要素发生作用的介质是信息，也就是说，依赖于信息而存在的经营管理活动将各要素的活动在一定的关联方式下组成了一个新整体，从而使这个新整体具备了特定的功能，即保证尽快地使价值与使用价值得以实现。我们称这个新整体为商业企业经营管理系统。

商业企业经营管理系统的构成要素（也称子系统）应该是：

1. 商业企业子系统

构成要素是劳动者、资金、物资设备。其中劳动者是企业内部要素的主体。它在思想觉悟、业务知识技能、生理心理等方面所表现的素质决定着企业的活力和能量。而从劳动者中分化出来的、执掌着企业整体意志的领导阶层，又是劳动者中素质最优部分的组成，它是经营管理系统中的核心要素。领导阶层的素质优劣决定着企业经营管理水平的高低，决定着企业整体意志能否在其活动中得以实现，也即决定着企业的命运。一般系统论告诉我们，经济系统中人是主体要素，而经营管理系统中经营管理者又是核心要素。所以要想提高企业素质，关键是提高系统中劳动者要素的素质,特别是企业领导班子的素质。

资金与物资设备要素是企业经济活动得以进行的物资承担者。特别是资金,它在商业企业要素中占有重要地位,在很多情况下,资金量并不能决定国营、集体、个体一起上,海陆空一起上,整个商业工作向"多—放—活"方向发展。从哈尔滨来看,多年商业网点不足,虽然几次建设,仍然没有解决问题。由于实行以国营为主体的多种经营形式,短时间内上千家集体、个体商店办起来,仅道外区就近乎增加一个商业公司。现在大企业松绑,小企业开放,哈尔滨市第二商业局所属年八万元以下利润的零售商业均已开放。南岗区全区零售商业取消中心店,各店自主经营,企业扭亏和增盈,干部不坐"铁交椅",自己办商店(南岗昌华商店)。整个商业工作呈现了一片活跃景象。国营、集体、个体一起上,多家竞争;承包、租赁、多种方式调动了职工积极性;多种经营方式活跃了市场;多种服务方式方便了群众;市场从未像今天这样活。

我国社会主义商业在三中全会以来这些变化,表现我国社会主义商业正面临一个历史性的转折,这就是建设具有中国特色的社会主义商业,这就是实行政企分开,建立以国营商业为主导的,以城市为中心的开放式、多渠道、少环节的流通体制,实行责、权、利相结合的高经济效益,高服务质量的企业管理办法;形成城乡畅通、地区交流、纵横交错,走出一条中国式的社会主义商业路子。可以预见,我国社会主义商业再过若干年将会出现更新的面貌。企业经济效益的好坏,倒是它在形态上(商品形态、货币形态、资金结算形态)的变化速度决定着企业经济效益的好坏。

2. 市场子系统

构成要素是商品供应者、需求者、市场价格。其中商品供应与需求是该子系统中主体要素。它们之间的关系在市场上反映了供求规律的要求。供应与需求在量上的变动影响着价格的变动,价格的变动又调节着供应与需求的关系。三者相互作用、相互影响的结果又作用于企业内部的经济活动,并产生重要影响。以上虽然是市场经济特点,但在计划经济为主、市场经济为辅的我国市场内,不能不承认市场这个子系统仍然对企业经济活动有着重要的影响。因为即便是计划经济,最终也要反映市场经济中客观规律(供求规律、价值规律)的要求。

在这个子系统中,需求是一个极其活跃的因素。特别是一些需求弹性较大的商品,其需求变化难以预测,因此把握好需求我们需要做很多艰苦细致的工作。商业企业经营,从某种意义上说,也就是把握好采购量和需求量的平衡,因此不注意研究市场中的供需关系,就难以使经营管理系统保持平衡。

3. 信息子系统

构成要素是控制部分(决策集团与情报中心)、被控制部分(企业内部要素)、企业内部与外部信息流。在这三者中控制部分是主体要素,它是整个经营管理系统的神经中枢。在控制部分中,人是起决定性作用的。只有人的思维作用的存在,才能将反馈信息进行加工处理,深化对信息的认识,揭示信息的本质,从而输出带有校正信号的指令信息,使反馈机制得以实现,控制着系统朝着预定目标运转。

信息系统的存在,即反馈机制的存在才得以使企业内部子系统与市场子系统互相作用,构成了具有特定功能的有机整体——企业经营管理系统。

信息系统在经营管理中的重要作用,愈来愈受到人们的重视。国家领导人对西方称之为"信息革命"的动向作了重要讲话:"不管叫'第四次工业革命'也好,'第三次浪潮'也好,他们都认为,西方国家在20世纪50年代、60年代达到高度工业化以后,现在要从工业化社会转入信息社会,或叫作知识、智力社会。他们说,信息社会就是大量生产知识,'知识的生产力已成为决定生产力、竞争力、经济成就的关键因素'。""这个动向,值得我们重视,需认真加以研究,而且应当根据我们的实际情况,确定我们在十年、二十年的长远规划中,特别是科技规划中,应当采取的经济战略和技术政策。"(《世界经济导报》1983年10月31日)这为我们如何提高商业企业经营管理水平指出了方向,应当在电子计算机的应用、管理及人员的培训上加快步伐,尽快建立起准确、高效、反应灵敏的信息系统,提高经营管理水平。

如何使系统功能得以充分发挥,让我们先从系统内存在的两个层次的平衡上来认识。

第一个层次是企业内部要素的平衡。它是指通过企业管理职能(计划、组织、指挥、监督、调节)使企业内部各要素的活动处于协调的状态。以保证以最小的劳动耗费取得最大的经济效果。这个保证以最小的劳动耗费取得最大的经济效果。这个层次的平衡包括:内部资金结构与批量进货的平衡、库存商品结构与销货方式的平衡、劳动生产率与劳动者素质结构的平衡、流通费用与商品流转额的平衡、物质设备与企业规模的平衡等。第二个层次的平衡是企业内部要素结构与外部环境的平衡。它是指通过企业经营职能(控制和调节)的发挥,使企业内部要素结构处于与外部环境协调的状态。以保证使企业所经营的商品适应社会需要,取得好的经济效益。这个层次的平衡包括:内部货币资金量与外部可供量的平衡、内部价格策略与外部需求变化的平衡、内部库存商品结构与外部需求结构的平衡以及反馈信息与输出信息的平衡、企业内部应变能力与外部环境突变的平衡等。

党的十一届三中全会之前,我国商业企业在封闭式经营体制影响下,偏重于企业内部要素的平衡,很少注意外部环境对企业经济活动的影响,也就谈不上信息系统和反馈机制的存在。造成系统内企业与市场长期处于一种松散的状态。企业对外部变化反应迟钝，经常与外部变化失去平衡，造成企业内部商品积压的积压、脱销的脱销。企业经济效益很差。党的十一届三中全会以来，在开放式流通体制影响下，企业领导者从实践中感到系统内第二个层次平衡显得格外重要了，不重视市场，不重视信息，企业就难以生存了。于是，许多企业建立了比较好的信息系统，重视了反馈机制的作用，提高了企业的创新能力。

总之，维持第一层次平衡就是使企业内部要素结构趋于紧密并富于应变；维持第二层次的平衡就是使企业与市场结构趋于紧密，保证系统功能得以充分发挥。维持这两个层次平衡的手段就是要保证有信息系统中良好的反馈机制的存在，具有控制和调节的能力，才能使系统朝着预定的目标运转，系统功能才可能得以实现。

为保证系统功能的发挥，还需从系统运动形式上分析。

商品运动，是商业企业经营管理系统内首先可觉察的运动形式。既是系统中的一种物质运动，又不是纯物质运动。它是内含着人的主观因素的物质运动，一方面反映商品运动的规律，另一方面也反映经营管理人员对它的作用。可见，在商品运动的背后还存在经营管理者的思维运动和信息运动，由此我们可以得出以下几点启示。

第一，经营管理系统整体目的实现过程，是三种运动形式矛盾运动过程。商品运动，尽管在系统内是被主观"物化"了的运动，但毕竟它是物质力量之间互相作用的结果，本质上仍要反映物质运动的规律，即反映商品运动的规律。思维运动，虽然要受商品运动这个客观的影响，但它毕竟是人脑细胞相互作用的结果，本质上仍然反映主观内容。前者是物质的，后者是精神的，因而在系统内这种对立是经常存在的。信息系统将各类信息逆反到控制部门进行加工处理（这种处理是在人的意识运作下的处理，电子计算机也不过是被人所利用的一种手段），再输出带有校正信号的指令信息（不符合商品运动规律的主观因素被纠正）叠加到商品运作中，控制着商品运动朝着既定目标运转。从而使对立的商品运动与思维运动在往复不断的信息运动作用下统一起来了。正是这三种运动形式的矛盾运动，构成了经营管理系统运动的全部，使系统的整体性、目的性、有机性得以实现。

第二，商品运动之所以能朝着既定目标运行，不能离开思维运动的作用。在系统内，经营管理人员根据企业内、外的客观情况，制定商品运动的目标。但这个目标只是人们预期的，在多数情况下，由于企业外部环境经常发生变化，致使商品运动结果与预期目标发生偏离，如何纠正这个偏离，正是经营管理职能要解决的，明确地说是依赖于信息运动而存在的人的思维运动所要解决的。马克思认为:"人的突出之点在于他能够有意识地计划自己的行为,使自己的目的得以实现。在所有动物中,只有人有这种能力。"(《经济学译丛》1983年第2期:《马克思的政治经济学目的》)正是由于人具备了揭示信息本质的思维分辨能力,才使经济系统具备了计划、组织、指挥、监督、调节等一般职能。才得以使系统内的商品运动朝着人们所规定的目标运行。

应该说,虽然人具备思维分辨能力,但这种能力的高低又是有差别的。这种能力的高低取决于经营管理人员的知识储备(记忆中储存的各种概念、见解及其相互间的关系)、业务技能、业务经验等。同样一个信息,在不同人面前有不同的认识,这正是思维运动的质量决定的。因此,提高经营管理人员的素质,就成了提高企业素质的关键。

思维运动是在经营管理系统中极为重要的一种运动形式。没有思维运动,也就没有经营管理;没有优秀的经营管理人员的高质量的思维运动,也就没有好的经营管理水平。不断提高经营管理人员的素质,正是经营管理系统孜孜以求的,也是当前提高企业素质的一项紧迫任务。

第三,思维运动作用于商品运动时,必须尊重商品运动的规律。前面谈了商品运动在系统内虽然要受经营管理人员的控制和调节,但它毕竟是物质在经济环境内的运动,仍然有其自身运功的规律,控制与调节也是人们顺应经济规律基础上的控制和调节。也就是我们常说的,做经济工作必须尊重经济规律。

党的十一届三中全会之前,我们不尊重经济规律,以主观意志的行政办法代替经济办法,导致很多失误,这是应该引以为戒的。

第四,系统内经营管理人员的思维运动是依赖于信息而得以正确运行的。从控制论中,我们可以了解到,所谓经营管理是经营管理者对复杂经济系统的一种校正活动,而这种校正活动是通过信息系统的工作来实现的,因此必须注意:①建立高效率的情报网络。对于各类反馈信息务必及时、准确、全面,同时要注意对各类信息的筛选,及时将有用信息提供给经营管理者。②在输出指令信息前,经营管理者必须自下而上地听取多方面意见,并要全面比较均衡各类方案,慎重而果断地做出抉择。③指令信息一旦输出,仍要跟踪观察,发现偏差立即做出相应的调整。只有往复不断地施以控制与调节的指令,才能确保系统的稳定运行。

(本文发表于《商业研究》1984年第5期,作者周泽信)

商业企业经营管理系统初探之二

——论系统的协调与控制

协调与控制,是系统一般所具有的一种机制。它是维持系统稳定,保证系统受外界干扰时而不致结构紊乱,从而使其整体目的得以实现的一种"自组织能力"。

我们知道,凡是由相互作用和相互依赖的若干部分组成的,具有特定功能的整体才能称之为系统。关键又在于它们之间存在着必然的、内在的联系,即存在着保持一定结构的内在机制。而这种机制正是系统所固有的。但是,凡是系统又都是开放式的,又受系统外因素影响,系统的固定结构又不时受到冲击,导致结构的不稳定。系统为了维持自身结构的稳定,又具备一种减少冲击,消除紊乱的机制,这就是系统的调节与控制的机制。无论是人造系统,还是非人造系统,也无论是简单系统还是复杂系统,都存在调节与控制的机制,只不过是表现的形式不同而已。调节与控制是一切系统内在的,实现要素相互维系而保持一定结构的一种力量。是它的存在,保持了系统的结构性、层次性、目的性,从而保持了系统的完整。

作为系统,为什么会存在这种调节与控制自身存在的发展能力,这正是我们下面所要分析的。分析方法采用抽象的方法,因为马克思告诉我们:"分析经济形式,既不能用显微镜,也不能用化学试剂。二者都必须用抽象力来代替。"(《资本论》序言)

辩证唯物主义认识论告诉我们,任何事物之间都存在着联系,而对于系统内要素来说就更是如此。但在缺乏辩证思维的人看来,某一事物就是某一事物,是自己在表现自己,不可能存在有其他事物来表现自己,正像他看不到水会转化为水蒸气一样。这就使这些人不能全面认识事物,缺少系统观念,从而不能把握事物内在本质的一些规定。例如,有些人看商业企业,认为商业企业就是商业企业,它是人们组织生产要素从事商品购销活动的一类经济组织。从而把商业企业与市场,与其他企业等都对立起来,似乎企业与市场之间不存在什么必然的联系

企业改革的演进与逻辑

似的，于是造成思路狭窄，只见树木不见森林。从而造成经营管理观念的狭隘、保守，事倍功半。

系统论告诉我们，在系统中运动的要素不同于脱离在系统外的孤立要素，他们不但具有用以表现自己的个性，而且还要表现系统的共性。而正是每个独立要素所具有的这种表现系统的共性，才使诸要素之间产生"亲和"的作用，形成一定结构的一个系统。这就是系统内要素具有的二重性，任何系统内要素都是个性与系统性的辩证统一。

商业企业经营管理系统内要素也具有二重性。如商业企业要素，它是该系统内的主题要素，作为其自身的存在，它是经济组织。有其自身的性质和特点及运转规律，但它绝不是孤立地存在的。作为商品经济内的商业企业，之所以能够存在并表现着自己的个性，是因为它还具有了一种能够适应商品经济内市场运行规律的性质，否则它就不可能存在，而这正是商业企业能够与市场相统一的系统性质。因此，我们说商业企业经营管理系统内的商业企业要素，是其组织商品购销活动的个体性质的辩证统一。这个矛盾运动的抽象过程是这样的：商业企业作为商品经济内的一个经济实体，为了维持自己的生存与发展，第一，必须扬弃作为独立购销经济组织与市场供求相对立的个体性质（这是通过市场调查、市场预测、经营决策等这样的协调与控制的手段实现的）；第二，保留与市场供求相适应的系统性质（保留系统性质，即与市场相适应的性质，是靠具有丰富经商实践和丰富经商理论的管理者实现的）；第三，保留系统性质被渗透到，即被转移到所经营的商品中去了（系统性质在这里被所经营的适销对路的商品"物化"了，也可以说是企业管理者的意志被适销对路的商品"物化"了）；第四，适销对路的商品很快被市场吸收（被"物化"了的管理者意志，也可以说是被"物化"了的企业向市场的过渡完成了）。于是，商业企业要素的个体性与系统性从对立走向统一。如果没有管理者的调节与控制，矛盾的统一，即商业企业与市场供求的适应是不能实现的。同时我们还可以看到，如果系统内要素不具备二重性，特别是不具备系统性，要素之间没有内在的联系，那么控制与调节也是不能实现的。因而我们又可以说，系统内要素间的必然联系，又是调节系统控制与控制机制产生的前提。

系统内要素所具有的二重性，为我们找到了系统内要素之间存在必然联系的根据。系统内要素所具有的二重性是其实现联系的必然，但联系的必然不能是联系的现实。联系的必然转为现实，是靠系统内管理者的调节与控制来实现的。

商业企业，作为一个人来操纵其活动的经济组织，从一开始它就不存在一个简单的原动力。它与自然系统最根本的区别就在于它是能动地去适应外部环境，同时还可以去改造外部环境和自身。这一点，正如马克思所说："最蹩脚的建筑师从一开始就比蜜蜂高明的地方,是他在用蜂蜡建筑蜂房之前,已经在自己头脑里把它建成了。"这就是人所具备的预先计划自己行动的能力。而这正是商业企业之所以能够与市场供求相适应的客观基础。由人所控制和调节的商业企业,应该如何更好地组织商品购销,保证与市场供求相适应?应该如何实现经营目标?其实,在商品购销活动开始之前,就已经在管理者的头脑里观念性地存在了,并支配着商品的运动了。这是由于人具备着能够认识和揭示信息符号的思维分辨能力,使管理者能够认识客观的商品购销活动,并按照商品运动的本质和规律去指导商品购销运动。从而使商业企业从商品购销活动的开始就具备了与市场相适应的一面。但是,这种相适应的局面不是绝对的。人的认识不是万能的,在复杂多变的商品经济环境中,还不能绝对保证二者的统一,而很多情况下倒是二者不相适应的局面经常出现。这就是系统论中所说的系统运行的现实状态与人们期望状态之间的不平衡。期望状态也就是系统追求的目标状态,它由管理者做出的经营决策目标所规定,如盈利总额、购销总额、全部资金利润率的计划指标。现实状态就是系统在一个计划期末呈现的运行现实状态,它由财会、统计、计划部门(科室)通过数字信息表示。系统运动的期望状态与现实状态的不平衡,是系统运动的绝对状态,也就是经常出现的状态。而这正是调节与控制所要解决的。因此,我们说商业企业经营管理系统内商业企业要素与市场要素之间的对立是经常的,而这正是系统施以调节和控制的前提。也正是有了调节与控制,才使系统内要素间的联系不断地从对立走向统一(从无序走向有序),保持了系统结构的稳定,整体目的的实现。

党的十一届三中全会之前,我国商业企业在封闭式经营体制影响下,偏重于对企业内部要素之间的协调与控制,也即偏重于对企业内部活动的管理。很少注意对企业外部环境变化做适应性的调节与控制,造成商品购销活动与市场供求长期处于一种松散状态,企业缺乏应付变化的活力,因而对外部环境变化反应迟钝,经常使所经营商品与市场供求脱节,积压的积压,脱销的脱销。党的十一届三中全会以后,这种情况虽有好转,但很多管理者仍不能及时摆脱传统的经验管理的观念,仍处在一种保守或无所适从的状态。其原因从系统观看,就是对企业缺少系统的经营管理,对调节与控制缺乏层次性。商业企业的协调与控制存在两个层次:第一层次是企业内部要素之间的协调与控制;第二层次是企业与市场的协调与控制。第一层次是通过管理活动实现的;第二层次是通过经营实现的。协调与控制是对两个层次的协调与控制。

第一层次的协调与控制的目标:①劳动者素质与劳动生产率和企业发展要求的平衡;②商品流转总额与商品流通费用的平衡;③商品流通量与物质设备的平衡;④企业内部劳动者之间分工协作的平衡;⑤领导者与职工、职工与职工之间

企业改革的演进与逻辑

在物质财富分配上的平衡；⑥资金总额与资金利润率的平衡。

第二层次协调与控制的目标：①内部货币资金量与市场可供商品的平衡；②内部库存商品结构与市场商品需求结构的平衡；③内部经营策略与市场供求变动、竞争状态的平衡；④企业内部经营活动与国家法律、党的方针政策的平衡；⑤企业与国家在物质利益分配方面的平衡。

第一层次的协调与控制，目的在于更充分地发挥企业内部要素的潜力，特别是劳动者的潜力，从而使企业在经营管理系统中具有更多的能量，使企业更具活力，更富应变。在这里，控制调节的手段主要靠对劳动者的思想教育及劳动技能等素质的培养提高；靠对商业劳动过程程序的科学管理，靠不断引进新技术及扩充物质设备，靠加强内部财务管理及节约流通费用，靠对劳动定额标准的制定和管理。当然最后还必须建立一整套科学而严格的规章制度。第二层次的协调与控制，目的在于使企业与市场的关系趋于紧密。保证企业购进商品能很快销售出去，实现系统运行目的。在这里控制与协调的手段靠的是市场调节与市场预测所获得的外部信息。做出的经营决策靠的是领导者的优秀的经营管理素质。

系统的协调与控制是系统固有的功能，而之所以是固有的功能，是因为有信息子系统的存在。从控制论中我们了解到，所谓企业的经营管理，实质上是管理者对企业经济系统的一种校正活动，而这种校正活动，正是协调与控制的内容；而协调与控制又是依赖于信息才得以正确施行的。可见，没有信息，没有系统内信息反馈机制也不存在。系统的协调与控制就失去正确的实施基础。因而，一切经济系统的管理者必须注重信息和对信息的管理。

总之，系统的协调与控制是系统维护自己稳定的一种内在机制。在经济系统内，这种机制是靠系统内人的作用实现的。马克思认为："人的突出之点在于他能够有意识地计划自己的行为，使自己的目的得以实现。在所有动物中，只有人有这种能力。"（《经济学译丛》1983年第2期：《马克思的政治经济学目的》）这就告诉我们，人的任何实践活动，从根本上说是有计划的、有目的的实践活动，即是一种自觉的实践活动。这种自觉包括两方面内容：作为协调与控制主体的人，对协调与控制的客体，即对象的运动规律从一开始就从理性上有着正确的认识，从而能够正确地协调经济活动；同时作为协调和控制主体的人，又能随时注意和察觉自己主观意志和客观经济活动出现的差距，并能随时加以调整，从而保持系统运作的稳定，保证了系统目的的实现。

（本文发表于《商业研究》1986年第1期，作者周泽信）

必须坚持经济效益与社会效益统一

——供销社实行经营承包责任制应注意的几个问题

供销社的体制改革已经进行一段时间了。改革的核心是由全民改集体,由"官办"改"民办",落实"五个突破",即在劳动制度、农民入股、经营范围、服务领域、内部分配和价格管理五个方面要有新的突破。经营承包责任制正是围绕这个核心而采取的体改形式,并且成为近两年来推行的形式。推行的效果如何,这是大家都关心的问题。从实践看,经营承包责任制在试行中存在两种情况:凡是能够正确认识供销社经营承包责任制的目的、任务,全面贯彻承包合同内容的企业,面貌就有变化,基本上改变了"吃大锅饭"的局面,调动了职工劳动的积极性,提高了经济效益和社会效益。还有一种企业不能正确认识经营承包责任制的目的和任务,把"经营承包"变成"私人承包",放弃了经营责任,不能正确处理国家、集体、职工三者的关系;不能正确处理与农民的关系,致使经济效益下降,供销社声誉受到影响。前者是革命的主流,后者是改革中出现的问题。为了更好地推进供销社的体制改革,真正将供销社办成我国社会主义农村的综合服务中心,发挥它在促进农村商品经济的发展和农村产业结构调整中的重要作用。我们认为,目前有必要对已经出现的问题予以重视。

一、改革中出现的问题及其原因

我国目前供销社系统体制改革中所推行的经营承包制,是在我国农村流通领域开展的一项重要的改革,它是指供销社企业以及承担经济责任的当事人,在企业经营管理活动中所必须担负的各项责任,并把它以具有法律作用的制度规定下来的一种经济责任制。作为一种经济责任制,它在试行的开始和试行的过程中就包含着两个方面的责任:一是承包单位(或个人)必须在经济上明确对生产资料所有者以及作为所有者代表的直接领导者所应负的责任;还有一个是承包单位(或个人)必须明确不仅是在承包期内对生产资料所有者负有经济责任,而且要明确在企业发展方面所应负有的责任。以上两方面构成了责任的全部。当然,承包单位（或个人）在明确责任的前提下，不履行拥有的义务，或搞歪门邪道，国家机构就必须通过计划和经济的、行政的、法律的手段加以干涉和制止，包括收回经营管理权。

经营承包责任制推行的目的就在于消除农村供销社过去的"行政化"的影响，在正确处理国家、集体和个人三者关系的基础上，将责、权、利三者正确结合起来，使它真正成为农村商品经济中存在的具有活力的企业。但是，实际上某些承包单位（或个人）并没有负担起承包中的全部责任，不能正确处理承包中"责任、权利、利益"三者的关系。片面强调利益，从而偏废了经营承包责任制中最核心的东西——责任。加之，主管部门缺乏经验，特别是缺乏责任制实施之后监督管理的经验，导致出现以下一些问题。

（1）有的承包单位（或个人），在与上级主管部门商讨承包合同时，只强调利益，尽力设法压低承包基数，甚至弄虚作假、图谋私利。合同一经签订，待主管部门发现后，已成定局，难以更动，给国家造成了损失，使整个工作陷入被动。以致对更多能够坚持改革原则的同志造成心理上的不良影响，对改革的成果和方向形成了消极的作用。

（2）有的承包单位（或个人），不顾企业的发展。单纯追求承包期内所应完成的承包指标，甚至对该提取的固定资产折旧基金不提取，该维修的不维修，该更换的不更换。更严重的是，在承包期内看起来任务完成得不错，承包单位和个人多得利益，在承包期内国家也多收利润，但是承包期一结束，企业却背上了沉重的包袱，特别是期末的库存商品结构严重不合理，阻滞了企业的发展，失去了后劲。从而下一个承包期就不可能继续，又重新把"包袱"甩给了国家。我们认为，这是目前"经营承包责任制"在推行中存在的最突出的问题。

（3）有的承包单位（或个人）和主管领导部门，误认为经营承包实行了，管理问题就自然解决了。于是放松了内部管理，致使企业内部班组和企业不去执行党的方针政策，不执行物价政策，违反财经纪律；企业内部班组之间不协调，相互争夺市场，相互摩擦，只有自己的小目标，不顾企业的大发展。因此造成不正之风滋长，企业承包实质上失败。

（4）有的企业是在缺乏完善的会计核算和监督制度的情况下实行的承包，很不适应承包后各门店、各班组单独核算的情况，致使部分承包门店、班组盲目增大流通费用，支出不合理款项，个别人从中渔利；甚至从中私分商品进销差价款；还有的将企业流动资金转借社会个体户，从中收取不法利息，或与个体户合伙搞"第二职业"，获得不法收入。

（5）有的企业承包后，偏离社会主义农村供销社的经营方向，任意聘用社会闲散人员，为他们四处拉关系、行贿，套购国家紧俏物资，然后高价售出，从中牟利；有的在农副产品收购中压级压价，而在销售中又以次充好，从中牟利，严重影响供销社的声誉，损害了供销社与农民的关系。

（6）有的企业在承包后，对于内部职工的去留没有自主权，加之不能摆脱复杂的关系网，人浮于事的现象严重，因此仍然存在能者多劳不多得，庸者少劳也不少得的现象，挫伤一部分职工积极性，对经营好承包后企业失去信心。

（7）有的企业在承包后，不能正确认识承包后的供销社企业也要坚持承担更多的责任，即：要重视支持农业生产，为农民提供更多的服务，发展农村经济。而只顾眼前承包后的企业利益和个人利益，致使供销社同农民的关系疏远，失去了供销社长远发展的基础。

供销社在体制改革中，之所以会出现以上问题，我们分析有如下原因。

第一，某些供销社的主管部门的领导，对承包单位的内部资产、内部经营管理水平、市场购买力水平、农副产品交售状况等心中没有准数，因而在制定承包基数时不能反映客观情况，加之个别领导的官僚主义作风，使企业被个别思想不健康的承包者钻了空子，压低了承包基数，客观上给国家造成了损失。另外，某些领导人主观上存在着害怕承包基数过高会影响企业和职工的积极性，在施行中采取了偏低不偏高的做法。

第二，在承包责任制试行的过程中，某些主管领导部门和企业片面地采取了"谁出大价就包给谁"的做法，缺少对承包者的思想品德、经营作风的考核，也不看其对党和人民的事业所持有的态度以及一贯的表现如何，这样，个别虽有经营能力，但作风不正的人就乘机承包了企业或班组，给企业、国家包括职工都造成了损失。

第三，承包责任制的推行准备工作不足，这包括：①承包定额指标单一，不能综合实施多项指标，造成了承包中出现漏洞。例如，不能单纯以销售额作为承包指标，而必须辅以劳动效率、流通费用率、流动资金占用率、资金利润率、库存结构、经营品种、业务差错率等多项指标。只有这样，才能促使承包企业全面完成各项任务，防止出现漏洞。②缺乏对不同行业、不同地区、不同资源和各具自然特点及经济特点的承包单位的研究调查，因而在没有准确数字作为依据的情况下，仓促制定了（一般按前三年平均数加一定增长比例）承包定额和责任制的形式，造成在承包责任制推行过程中产生的苦乐不均的问题。

第四，在试行经营承包责任制后，某些主管领导部门放松了政治思想工作，放弃了党组织在企业中应当发挥的监督保证作用，造成了内部管理中的一些混乱和经营中的不正之风的滋长；忽略了对职工政治思想及职工道德的教育，致使某些承包企业不讲社会主义企业应该坚持的为农业生产服务，为农民服务的方向，将"一切向钱看"当成了经营宗旨。

企业改革的演进与逻辑

二、今后要注意的几个关系

出现以上问题是新事物在成长的过程中难以避免的，关键在于我们要善于对新事物明察秋毫，善于总结经验，采取措施解决，逐步使之完善起来，为此，我们认为要注意处理好几个关系。

第一，经营要确定承包单位所负的责任。

承包责任制是供销社体制改革的中心环节，因此对于经营责任制的内涵的理解应该统一。目前，在供销社的所有制形式由全民向集体过渡过程中，应该承认一个重要事实，即在扩大社员股金的同时，供销社企业内部资产和流动资金的绝大部分仍然是国家所有，责任自然是对国家的责任。我们认为这一点在这里必须明确，不可含糊。

承包后，作为供销社来说，生产资料的所有权和经营管理权即产生分离。承包者获得对企业的经营管理权。承包者依据承包合同中规定的承包基数向国家和上级主管部门缴纳税金及上缴各项基金后，有权自主分配剩余的盈利。而且在经营管理上享有充分的独立自主的权利。包括购销业务计划、费用开支、资金运用以及人力和物力的使用，都有这种权利。在这里承包者的利益是很明确的，但是，绝不能片面地理解为只有利益是承包的内容。利益和责任必须统一，才是承包责任制的全部内容。而且在这个矛盾统一体中，责任则是主导的。因为企业生产资料所有权是国家的，承包者必须对企业的所有者——国家负有主要责任，而这一点也正是企业承包责任制中的核心内容。

承包者对企业所有必须承担下列责任：①必须服从企业所有者——国家的领导，贯彻和执行党和国家的方针政策。②承包，不仅是对承包期内各项指标的承包，而且必须对企业的发展负有责任，因此要将承包所获盈利的一定比例部分作为企业扩大再生产，即追加投资（更新固定资产、增加流动资金及扶持生产资金）之用。③承包者必须保护好国家为企业所提供的设备和资金。一旦发生贪污、盗窃或毁坏，应承担全部责任。对于资金承包者除用于正常的经营外，不得随意挪作他用，更不得转让、转借。④承包者必须全力以赴加强企业经营管理，定期如实向上级主管部门汇报经营管理状况和财务状况，不得隐瞒和虚报。并且要接受上级主管部门对承包的财务审计。以上是承包者对企业所有者——国家应负的经济责任。而作为承包后的供销社企业，其性质仍然是社会主义公有制性质，因此作为社会主义企业仍然必须对国家负有完善社会主义生产关系的重要责任，这一点是必须强调的。因此，承包后的企业必须坚持为人民服务的方向，模范地执行党和国家的方针政策，努力安排好农村市场的供应和收购，支持农业生产，为农民发展农村经济提供多种服务，加强工农联盟，巩固社会主义公有制经济。

第二，要摆正企业承包后提高经济效益与提高社会效益的关系。

对于社会效益的问题，邓小平同志在党的代表会上明确指出："一切企业事业单位，一切经济活动和司法工作，都必须将信誉高于一切，严格禁止坑害勒索群众。"农村供销社企业中，某些承包单位目前也存在着只看重经济效益，忽视社会效益的问题。因而，造成某些承包企业在农民心目中声誉下降，这是应该引起注意的。供销社的承包必须坚持经济效益和社会效益的统一，不能因为只图赚钱而降低自己信誉。

提高经济效益与社会效益，二者是辩证统一的关系。农村供销社经济效益的提高是以农民对供销社的信任为前提，而农民对供销社的信任又是不断通过提高自己为农民服务的社会效益获得的。供销社通过为农民提供资金、技术、信息、购销等方面的服务，发展了商品的生产，增加了农民的收入，从而获得了农民的信任，农民就会积极向供销社交售农副产品，同时又成为农村经营日用工业品、生产资料的主要消费者。可见，没有农民的信任，供销社企业内部承包责任制搞得再好，也不会有好的经济效益，即使有经济效益，这个经济效益也不会得到长久稳定的发展。历史的经验也充分证明了这一道理，即取得农民对合作经济——供销社的支持，是供销社稳定、持久发展的基础。特别是在当前"三多一少"的流通体制内。这一点显得格外有意义。

因此，作为供销社企业的上级主管部门，对承包后的企业损害农民利益的情况必须引起注意，要将考核社会效益的内容作为承包后所附的责任列进承包责任制的合同内，以维护供销社在农民心目中久已存在的声誉，保证自己的发展壮大。

第三，要摆正坚持物质利益原则和加强政治思想教育的关系。

承包责任制开始，由于我们缺乏必要的思想准备，难免产生单纯利润的观点，从而导致企业承包者和企业内部职工"向钱看"的心理。这个问题，也是我们在推行承包责任制的新时期内，思想政治工作要注意的一个新特点。正如中央《决定》中所说的："经济体制的改革，不仅会引起人们经济生活的重大变化，而且会引起人们生活方式和精神状态的重大变化。"在供销社推行"经营承包责任制"过程中出现一些思想上的问题，这是正常的，问题的关键在于党组织，必须加强政治思想工作。

在党的代表会议上，邓小平、陈云、李先念同志对当前加强政治思想工作都作了明确的发言。李先念同志说："在经济建设和体制改革中，加强和改进思想政治工作，十分必要。社会主义物质文明建设和精神文明建设一定要一起抓，决不可偏废。"同时还说："一定要加强理想、道德、纪律和法律的教育，抵制和反对资本主义、封建主义腐朽思想的侵蚀,抵制和反对资产阶级自由化的思想,抵制和反对金钱至上、个人至上的思想影响。"在供销社企业推行经营承包责任制的过程中,加强对职工政治思想教育工作,教育承包者和职工正确处理物质利益和道德理想的关系,正确树立共产主义人生观、道德观,是保证经营承包的责任制得到完善和健康发展的必要条件。时间也充分证明,如果我们不加强政治思想工作,不正确处理物质利益和理想道德的关系,我们供销社改革也会偏离社会主义方向。

(本文发表于《河北财经学院学报》1985年第4期,作者周泽信)

企业经营与管理的内涵及其关系

党的十一届三中全会之后不久,在我国企业界掀起了管理热,近两年又提出企业"要从管理型向经营型过渡"。我们认为,对企业经营管理的内涵应当有科学而系统的认识,从理论和实践上都很有必要继续加深研究和认识。本文拟从建立在社会化大生产基础上的发达商品经济与企业的关系为起点,也来谈谈企业经营与管理的内涵及其关系。

一、企业与社会化大生产

企业,作为组织生产要素活动的一般组织形式,是与社会大生产相联系的一个范畴。但我们也不能不注意,企业是产生在社会化大生产的发达商品经济阶段,因而企业与发达商品经济也是有着内在联系的。

企业,首先是作为工厂的组织形式,产生于19世纪中期资本主义上升时期,是从工场手工业中脱颖而出一种新的劳动组织形式。但这并不能说企业与资本主义生产方式有什么必然联系。关于这一点,马克思曾说:"数量较多的工人在同一时间、同一空间(或者说同一劳动场所),为了生产同种商品,在同一资本家指挥下工作,这在历史上和逻辑上都是资本主义生产的起点。"① 接着马克思又说道:"数量较多的工人受同一资本指挥,既是一般协作的起点,也是工场手工业的必然起点。"② 这就清楚地告诉我们,资本主义生产方式中的劳动组织形式的起点并不是企业,而是工场手工业。因此,企业即马克思在《资本论》中所说的工厂的产生,与资本主义生产方式并没有什么必然联系。历史地说,工厂式的企业是顺应机器的产生而产生的。对于这一点,"马克思曾经有过论述,意思是说,工厂是一种社会劳动形态,而这种社会劳动形态又是依据机器这种物质基础建立起来的"。③ 19世纪中期,首先在美国,"机器时而挤进工场手工业这个局部过程。这样一来,从旧的分工中产生的工场手工业组织的坚固结晶就逐渐溶

---

①② 卡尔·马克思.资本论(第一卷)[M].王亚南,郭大力译.北京:人民出版社1966年版。
③ 经济学译丛[J].中国社会科学出版社,1985(3):49.

企业改革的演进与逻辑

解,并不断发生变化。"① 因为机器的产生,也正是机器这种先进生产工具挤进工场手工业,使劳动组织内部分工协作性质发生了变化,才最终导致工场手工业蜕变。下面我们撇开由资本决定的劳动组织的社会属性,从由生产工具这种自然力所决定的自然属性来分析工场手工业向企业过渡的历史必然。

第一,工场手工业内部单个或成组的工人是使用简单的手工工具完成每一个特殊的局部劳动过程,劳动过程中单个人与单个人之间的联系不是由生产工具决定的,而是由生产同一个产品的程序决定的。"例如,在现代的信封手工工场中,一个工人用折纸刀折纸,另一个工人涂胶水,第三个工人折纸,预备印封面,第四个工人把封面印好等等。"② 劳动者之间的协作是凭借主观和经验决定的,管理仅是简单地协调每一个工序的管理。但是"1862 年伦敦工业展览会上展出的一台美国纸袋制造机,可以切纸、涂胶水、折纸,每分钟生产三百个纸袋。在工场手工业中分成几种操作顺次进行整个过程,现在由一台由各种工具结合而成的工作机来完成"。③ 因此,人们再也不能依靠主观意志来进行劳动分工和协作,而必须使分工与协作符合机器运转的客观。所以马克思说,在"劳动资料取得机器这种物质存在方式,要求以自然力代替人力,以自觉应用自然科学来代替从经验中得出的成规"④ 之后,"劳动过程的协作性质,现在成了由劳动资料本身的性质所决定的技术上的必要了。"⑤ 从这时起,劳动组织内部的管理活动发生了本质的变化,一系列新的管理原则、方式、方法逐渐地在实践中产生,为了适应这些新的管理内容,劳动组织内部的组织结构就相应地发生变化。从而工场手工业这种劳动组织向工厂这种劳动组织演变就成了必然。正如马克思所说:"机器生产发展到一定程度,就必定推翻整个最初是现成遇到的,后来又在旧形式中进一步发展了的基础,建立起与它自身的生产方式相适应的新基础。"⑥ 否则,以机器所形成的新的生产力将受到桎梏。

第二,工场手工业由于使用手工工具,生产力水平很低,生产的社会化也是"牧人生产毛皮,皮匠把毛皮制成皮革,鞋匠把皮革制成皮靴"⑦ 的形式,各独立商品生产者之间的社会关系,即交换规模很低,商品经济仍处于不发达阶段。但是,当机器这种革命性的生产工具进入工场手工业之后,情况则完全变了。一方面,由机器引起的巨大生产力必然在更大范围内引起其他行业的变革,社会化成本大大提高了;另一方面,由机器引起的巨大生产力大大促进了商品生产的发展,从而在历史上完成了不发达商品经济向发达商品经济的过渡。到这时,每一个独立商品生产者的劳动过程,已经自觉或不自觉地成为社会劳动总过程中的一个组成部分了。而作为独立商品生产者的组织形式——工厂,在这时虽然它仍然有权决

---

①②③④⑤⑥⑦　卡尔·马克思. 资本论(第一卷)[M]. 王亚南,郭大力译. 北京:人民出版社 1966 年版。

定自己生产什么，生产多少。但同时，它又必须考虑社会的需要，考虑平均利润，考虑生产价格等，这些量上的关系，必须由独立商品生产者自觉地到市场的"晴雨表"中去寻找。否则，这种工厂式的企业作为发达商品经济内的独立经济实体就不能适应生产社会化的要求，只能在发达商品经济的运行规律中泯灭。

因而我们说，由机器引起的社会化大生产造就了企业，使企业成了社会劳动组织形式。同时要考虑到正是商品经济的发展又完善了企业。关于这一点我们还可以从马克思的一段论述中看出，"社会分工则使独立的商品生产者互相对立，他们不承认任何权威，只承认互相利益的压力加在他们身上的强制"。① 于是，在私有制条件下，资本家拼命榨取剩余价值，积聚资本，提高资本有机构成，以加强自己的竞争地位。其结果是更多的不善于经营管理的工厂倒闭，少数善于经营管理，善于积累资本的工厂规模日益庞大，企业就是在这种竞争作用下，变得完善了。企业作为一个独立经济实体，是在商品经济中锻炼得更成熟，更具有活力的。过去，我们只强调了企业作为社会劳动组织形式，是社会化大生产的产物，并没有注意到企业是产生在社会化大生产的发达商品经济阶段，是商品经济的竞争机制锻炼了这样的劳动组织，从而使它不仅能够适应由机器引起的管理的需要，而且使它具备了适应外部变化而谋取发展的需要。

因此，我们认为在把握企业与社会化大生产关系时，必须注意到社会化大生产的发达商品经济对企业这种劳动组织形式的特殊影响，从而把握企业经营管理的内涵。

二、企业全部经济活动的组织与协调存在两个层次

资本主义工厂式的企业自建立以来已有一百多年的历史了，在这一百多年当中，不仅资本主义企业有了很大发展，而且社会主义企业也相继在许多国家出现和发展了。接下来我们仍然撇开资本主义企业与社会主义企业的特殊，从企业的一般中分析企业的经营与管理。

企业，从最一般讲是人们组织生产要素活动的经济组织。在其内部拥有劳动者、资金、物质设备这样一些必不可少的生产要素。如果劳动者、资金、物质设备这些生产要素没有被人们有意识、有计划地组织起来从事生产活动时，这些生产要素则只能被称为资源性生产要素，而这时的企业不是现实中的企业，只能是抽象意义上的企业。现实中的企业，则存在着人们对这些资源性生产要素进行有计划、有目的的组织与协调，即对企业经济活动的组织与协调。首先，人们必定要将资源性生产要素根据客观规律（包括经济规律和自然规律），通过一定方

---

① 卡尔·马克思. 资本论（第一卷）[M]. 王亚南，郭大力译. 北京：人民出版社1966年版.

式、方法将它们组织起来进行生产活动，即劳动者通过劳动资料作用于劳动对象，将劳动对象转化为劳动产品。当这个被人们有意识、有计划组织起来为生产过程结束时，则资源性生产要素就转化为企业的现实生产力了。请注意，这个生产过程结束时，仅形成了企业的现实生产力，而在社会化大生产条件下，企业还必须将现实生产力转化为社会生产力。因此，这仅仅是企业全部经济活动组织与协调的第一个层次（如果企业是在封闭、高度集中式的计划体制内，企业全部经济活动的组织就算结束了。因为产品是不是社会需要的，已经由社会做了"计划"安排，无须企业操心。当然这在现实中是不存在的，因为在那种情况下，组织社会劳动的组织形式就不能称为企业，而只能是行政机构的附属物而已）。接下来，企业必须将已经形成的现实生产力转化为社会生产力，而如何转化，企业作为商品经济内的独立经济实体，那必须由自己来承担了，在这里别无其他选择。因此，企业在全部经济活动组织的开始，就必须对其产品发展方向（包括价格、质量、花色、品种等）是否与市场需求相适应做出全面的评价，从而决定自己生产什么、生产多少才能被市场吸收，而且能够获取盈利。从而将企业现实生产力转化为社会生产力。这类活动就是企业全部经济活动组织与协调的第二个层次。这是企业作为发达商品经济内独立经济实体的客观要求。

上述第一个层次的组织协调活动我们称为企业管理，第二个层次的组织协调活动称为经营。两个层次的统一就是企业全部经济活动的组织协调，即企业经营管理。

企业经营管理关系如图 2-1 所示。

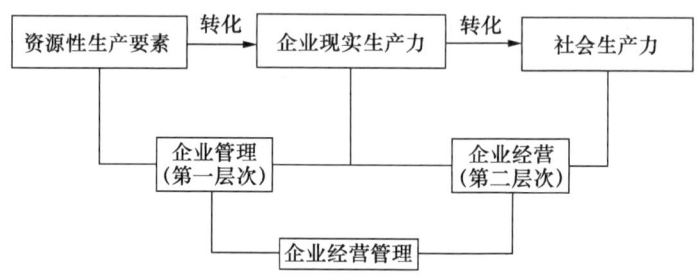

图 2-1　企业经营管理关系

近几年，我们在研究社会主义企业管理科学过程中，对企业经营与管理内涵的认识是有分歧的。但我想基于上述分析，分歧的统一是不难实现的。况且在国外也有同样的认识。例如，在美国对企业全部经济活动的组织与协调，虽然不分经营管理，统称为"企业管理"，但在管理科学发展的不同阶段，对其内涵的认识也是有区别的。泰罗阶段的企业管理主要探讨了在工厂中提高劳动生产率的问题。他偏向于企业内部生产要素的组织,到了现代,认识显然和泰罗不同了,他们不仅对泰罗的内容管理有了新的发展,而且把企业如何适应外部环境的变化作为战略目标提了出来。他们强调高层管理者必须将其注意力集中于组织外部,而且对组织内部产生的信息的关切程度,要低于对来自周围环境的信息的关切程度。显而易见,这种对企业外部环境的关心,正是我们上述第二个层次的组织活动。因此,西方所称的"企业管理"的内涵,明显地存在两个层次,一个是我们习惯所称的管理,另一个是我们习惯所称的经营。不承认这一点是不行的,因为这毕竟是发达商品经济对企业经济活动组织的客观要求。

总之,我们认为,企业作为建立在社会化大生产基础上的商品经济内的经济组织,其全部经济活动的组织与协调存在着两个层次,即经营与管理。

三、企业经营与管理的含义及其关系

管理,最初是指由共同劳动而引起的一般职能。由两个或两个以上的人完成他们当中任何一个人都不可能单独完成的目标,而把他们的努力和资源结合在一起时,就需要有一个协调他们之间活动的行为,即在意识上对两个以上的人所做的调整工作。这就是管理一般的含义。而企业管理与管理一般已经有了不同的含义:第一,在发达的商品经济条件下,企业通过管理职能作用的发挥而创造出的价值与使用价值,必须在市场中以能够获取盈利的价格销售出去,才具有现实意义。如何才能获取盈利,仅仅依靠对内部人、财、物的协调已经不够了。在商品经济条件下,必须对企业外部环境,特别是对市场要有全面的认识,只有这样,才能保证通过管理而获得的产品被市场吸收。商品经济愈发达,企业愈现代化,对外部环境的认识愈显得重要,没有这个对外部环境认识的过程,内部的管理就会失去方向。第二,企业一旦对外部环境有了客观认识之后,即在决策之后,管理活动就必须围绕决策目标进行。在这时,主要是通过管理职能作用的发挥。充分有效地挖掘现有资源的潜力,保证个别劳动产品的个别劳动时间,低于社会必要劳动时间;保证生产的商品质量是优于其他同类产品的。从而在市场中取得具有竞争优势的地位,确保盈利的获得。可见,在商品经济条件下,企业内部管理活动的目标更明确了,即盈利。

由以上分析可见,由企业内部分工协作而引起的管理活动,在发达商品经济条件下,由明确的目标,即保证产品的优质低价,确保产品在市场中的占有率。否则,管理也是盲目的管理。这就是企业管理不同于管理一般的含义所在。

关于企业经营,前面我们已经谈了,但那是从企业一般的意义上分析的。下面我们从资本主义企业经营的特殊中来分析企业经营的含义。

第二次世界大战后，以科学技术的迅速进步，生产社会化的发展为基础，先进资本主义国家的大企业发展成跨国公司。为了保证获得垄断利润，他们必须注意：第一，企业投资项目规模愈来愈大，技术也愈复杂，因此在投资时必须注意投资环境是否对投资者有利，在决定经营项目、经营规模等方面必须慎重研究。第二，跨国公司一旦向海外投资，子公司就成为所在国的法人。因此，在决定投资时，必须对所在国的政治、经济、法律及其发展方向做出评价。第三，跨国公司子公司在海外的建立，即是总公司超越国界的一种内部分工形式，这与一般企业内部分工显然不同。因此要求信息管理必须以现代化手段来代替旧的手段，从而企业的信息管理成了企业管理中突出的一个内容。正由于以上三个方面的变化，为管理科学带来了新的研究内容，而且这三个问题都涉及跨国公司的发展问题，企业外部环境研究的问题被跨国公司作为战略问题提了出来，从此有关企业如何适应外部环境的"经营战略"的研究，就自然从原先的"企业管理"中分离出来，成了相对独立的一个部分，即企业经营。而且成了更为引人注目的一个研究对象。

当然，以上所述只是资本主义企业发展的必然。但不能不承认，从这个特殊的发展中，我们可以看到它与社会主义企业发展存在着共同的东西。虽然我们的企业发展不要求跨越国界（暂且这么认为），但要求发展，要求更高度的社会化则是社会主义企业发展的必然。因此，要为社会主义企业制定战略目标则是社会主义必不可少的，否则就不能发展生产力和推动社会化大生产。例如，近几年在改革当中，我国国内一些大企业、大厂家将技术、资金、设备、人员向国内其他地区转移，发展横向联系；引进外国资本、技术，发展合资企业等。这些都是我国企业发展中的新情况，而这些不也是我们在过去"企业管理"中没见过的新内容吗？而这些新内容，严格说已经不是管理的内容，而属于经营的内容了。

总之，在发达商品经济内，企业作为独立经济实体，仅仅注重内部要素的管理已经不够了，必须采取与管理不同的另一层次的协调活动了，即协调企业内部与外部环境之间的关系，以谋取生存和发展。这就是企业经营的含义。

关于企业经营与管理的关系，从以上分析我们认为，企业经营与管理是人们组织企业全部经济活动协调发展的两个层次。两者有区别：管理是协调内部的活动，经营是协调企业与外部环境的活动；两者又有联系：经营与管理都是人们协调企业经济活动的行为，目的是一致的，都是为了提高企业经济效益，保证企业作为独立经济实体的生存和发展。因而我们说，企业经营与管理在协调企业全部经济活动的过程中，是相互作用、相辅相成的辩证统一关系。

综上所述，企业，作为发达商品经济内的劳动组织，仅仅围绕着协调生产要素而从事内部的管理已经不够了。因为作为独立经济实体的企业，还必须提出与自己利益息息相关的发展问题,否则,它只能在发达商品经济内自生自灭。因此,企业全部经济活动的组织与协调,是存在两个层次的,除了第一层次的内部管理之外,还自然地存在着第二层次的协调内部与外部的经营。两者的统一即为企业经营管理。

《决定》明确指出我国社会主义经济是有计划的商品经济之后,为我们正确把握社会主义企业经营与管理的内涵提供了科学依据。在我国目前社会化大生产发达商品经济条件下,我国社会主义企业全部经济活动的组织与协调也是存在两个层次,即企业的经营与管理。

(本文发表于《河北财经学院学报》1986年第1期,作者周泽信)

正确运用激励原则调动职工积极性

一、激励的目标是激发和强化职工的主人翁责任感

激励这种管理方法,就其本来面目而言,在不同社会制度内有其共性。但是,将其纳入不同社会制度的企业内而言,其特殊性就不能不加以注意了。

在资本家或资本代理人眼里,职工只不过是他们攫取剩余价值的对象。他们也高唱人情,也实行某种高工资、高福利,或加以心理上的诱惑,搞些什么"工人参与制",从形式上看他们把职工摆在了企业内适合的位置。但是,尽管花样繁多,而且不断更新,从"X理论"繁衍到"Z理论",万变不离其宗,这就是资本主义企业内部剥削与被剥削的劳资关系不会变。"Z理论"的创始人——美国管理学家威廉·大卫在其著作内引用工人的内心话:"要想让您知道我们对此事是极其严肃的,唯一的办法就是举行罢工。"[①]可见,职工与资方的对立关系是绝对的。工人非常清楚地知道自己在企业中的地位,他们并没有责任感,因为他们并不是企业的主人。资本主义当从原始积累阶段发展到现今阶段,资本家的管理将奴役与驱使变换成激励时,只不过是在"大棒"的外面涂了层"巧克力"。

在我们的企业内,职工是主人,其责任感应受到领导者充分尊重。我们知道,主人翁的责任感是职工积极性、创造性的内在源泉,员工有多种需要,但往往最珍贵、最重要的需要是他们的主人翁地位与权利得到尊重的需要。作为企业领导者如果无视这种需求,而只相信"胡萝卜"和"大棒"是管理的法宝,那他们就错了。现实也告诉我们,不尊重职工地位,靠奖金调动积极性并非久远之计,正如有句老话:"得鸟者,罗之一目,一目之罗,不可以得鸟。"调动员工积极性,需要注意物质利益,需要激励,但仅仅注意这个,忘掉社会主义内职工他们是真正意义上的主人,不把他们摆在适当的位置,恐怕是难以收得人心的。

有个观点不难理解,但是行之起来则不易,即社会主义内的职工他们不是纯

---

① 《Z理论》,中国社会科学出版社,第9页。

粹的管理客体，他们从企业发展的意义上说是管理的主体。特别是在企业经营变革的今天，对这个问题尤应引起注意。而且要向承包者强调，不能在口头上承认职工是主人，而在行动上把他们当作听喝的对象。只要求他们服从命令、听从指挥，不尊重他们的主人翁地位和权利，听不进他们的呼声和意见，对他们的合理要求漠然置之。如此，职工就会产生不平等的屈辱感，即便在物质上满足，职工的积极性也不会充分发挥的。道理很简单，职工在心理上已经产生逆反情绪。

可见，激励法要在我国企业中运用，首先必须注意是在充分尊重职工作为企业主人的前提下的运用。而这正是激励的特殊性所在，它是由社会主义公有制企业内部的生产关系性质决定的。

二、研究人的需要与激励因素是正确运用激励方法的前提

激励和强化社会主义公有制企业内职工的主人翁责任感，并不与满足职工需要发生矛盾；相反，作为领导者则应更为注意。

马斯洛将人们的需求从低到高分为五个层次。他告诉我们：①需求层次理论强调作为人，他在物质和精神方面都是有需求的。而在更多情况下，人对精神需求的满足是更为强烈的。②需求层次理论强调作为人，需求分层次，由低向高渐进的。低层次的需求满足后就会产生高层次的需求，由最基本的需求开始逐渐向上发展到高级的需求。这里只是从一般意义上把握了人的需求性质，而我们又必须还原到具体中来认识才有实践意义。

例如，实际生活中人的需求也并不严格按照马斯洛描述的从物质向精神需求递升。而是每一个人都有自己对物质和精神的需求二者同时都存在于全部需求之中。同时，在不同人中间存在着不同层次的需求，不同层次的需求，又有相当的伸缩性。某种需求到底多少才算满足，既受每个需求者货币持有量的制约，又受社会生产力发展水平的制约，同时，又受到文化环境、民主环境以及个人性格、气质、兴趣影响。这就告诉我们，马斯洛的理论对我们研究人的需求是有益的，但在具体运用时，则不能离开社会现状，要区别不同情况，因人、因事、因地而制宜。

再说赫茨伯格的"双因素理论"。他把影响人们在工作中的表现的各种因素区分为两类：保健因素与激励因素。保健因素又称为不满意因素、维持因素，包括上级对工作的监督、人际关系、工作条件、工资、地位与安全，以及个人生活之类的事项。此类因素的缺乏会导致职工不满，改善这类因素能消除不满，但不能构成强烈的激励因素。激励因素又称为工作满足因素，包括工作上的成就感、上级对工作才能的认可、提升、挑战性的任务，增强工作责任，个人成长和发展的机会。改善这类因素，则能使人感到满意，所以被称为真正的激励因素。"双

企业改革的演进与逻辑

因素理论"与马斯洛层次论相比,则显得更富有实用价值。特别值得注意的是,我们在完善企业经营机制时,承包人如何对待职工,如何激励职工的积极性,倒是值得深思的重要问题。

需求的满足是激励的前提。而需求是多层次的,实际情况往往告诉我们,对人来说,仅仅满足物的需求是不够的,甚至可以说是小看了他们,是对他们的不尊重。而事业、信任、荣誉往往是人的更重要的需求,这才是人作为人的根本所在。

三、追究激励效果,必须注意方法

1. 要针对不同人的个性运用激励

人们的需要既有共性,又有个性。要取得强烈的激励效果,就必须研究人的个性差异,针对不同人的个性特点,有的放矢地运用激励方式。

人的个性差异首先表现为不同人的需要有不同侧重。有人较多关心生活之类的事项,有人则看重工作成绩的大小。同样的激励因素,不同人反应不同。奖金能激发一些人的积极性,但另一些人则不在乎那几个钱。艰巨的任务能激发一些人的勇气,也能使另一些人叫苦不迭。成就感强的人往往不重视物质待遇,自尊感强的人则会把领导人一次征求意见的谈话当成鞭策自己前进的动力。

其次,人的个性差异还表现为抱负大小的不同。有人身居陋室,心忧天下,不在其位,而谋其政。对企业前途、国家振兴十分关心,将个人利害得失、荣辱毁誉置之度外。有时他会毛遂自荐,请缨立功,渴望得到施展抱负的机会,对这种人委以重任,他会殚精竭虑,奋力拼搏。有人则只安于做分内的事,对本职工作尽心尽力,圆满完成。对于改变一个单位的落后面貌,开创一个工作的新局面这种问题不怎么关心。对这种人提供前者的激励因素,他会认为是强人所难,不会有什么效果。

最后,人的个性差异还表现为在需要得到满足时反应不同。有人采取积极的态度,寻求其他满足;有人则采取消极态度,情绪低落,甚至消极怠工。例如同样是具有领导才能的人,没有负责的机会,有的人努力干好本职工作,并寻求适合自己特长的领域施展才能,或钻研技术、革新发明;或潜心治学、著书立说。而有的人则心怀不满,或顾影自怜,感叹自己怀才不遇,世上没有伯乐;或无病呻吟,不认真工作,混天度日。

2. 要针对不同人的期望运用激励

人们总是有自己的目标。当他认为自己的行动能达到这个目标时才会被激励起来去做某种事情。例如有人想买彩电,钱未攒够,他会尽快达到这个目标要求加班,多领报酬。又如有人希望取得某种技术职务,他本人也具有取得这种职务的可能，他就会在工作中努力表现出自己的才干，并力求取得最大的成绩。激励的程度取决于达到结果（目标）的愿望的大小，和达到一定结果（目标）的可能性的大小，人们越是希望达到这个目标，这个目标达到的可能性越大，受激励的程度就越高；反之，如果一个人对某个目标漠不关心或根本不可能达到，激励的程度就等于零。因此针对每个人的不同期望运用激励才能有效。例如一个从事科研并渴望取得成果的人改善他的生活条件和工作条件，为其解除后顾之忧，他就会受到强烈的激励。如果不是这样，而是把他提拔到行政领导岗位，他会为不能专心搞科研而苦恼。其结果必然是业务专长不能充分发挥，行政工作也未必干得好。近年来一些知识分子被提拔到各级领导岗位，改善了管理干部的知识能力结构，提高了管理水平，成绩是应该肯定的。但诸如以上的情况也并非绝无仅有。不考虑的期望不仅不利于调动积极性，还会造成人才的浪费，给工作带来损失。

3. 要使个人的需求和集体的需要一致起来

个人的需求与集体的需要越一致，激励的效果就越好。对个人需要除了应限制不合理的部分以外，还应该通过扩大工作范围，丰富工作内容，增强工作责任，鼓励职工参加管理的方法，使个人需要与集体需要一致起来。把集体的需要和目标变成个人的需要和目标会增强激励的作用。为统一目标而奋斗形成的凝聚力和向心力，对企业的生存和发展有着深远的意义。

作为企业的领导者必须使本企业的职工把实现该企业的计划作为大家共同奋斗的目标。在这个大目标下职工可以有自己的各种不同的需要和目标。如果不顾集体的目标，每个人都以自我为中心，想的是个人的需要，都在树立个人的奋斗目标，这些需要和目标有的与集体的需要和目标一致，有的不一致，领导者对个人不合理的需要与不适当的目标，不加限制不进行引导，采取放任自流的态度，那就必然导致各行其是，就再也谈不上调动积极性。当然这种限制和引导不是消灭差异，消灭个性。没有差异和个性也就不会有积极性，我们只是要求个人的需要和目标，应与集体的利益保持一致。

4. 综合运用多种激励形式

激励的形式有物质激励、精神激励、工作激励。综合运用各种激励形式，才能收到良好的效果。

（1）物质激励。即重视物质利益的作用。本文在第一部分所谈激励重在激发人们的主人翁责任感，强调了精神激励的主导作用，并没有贬低物质激励作用的意思。推动社会主义经济建设，单纯依靠群众的政治热情是不够的，还必须重视物质激励的作用。运用物质激励就必须实行按劳分配。

首先，要承认差别，不搞平均主义，有差别才有激励。要扩大工资差距，拉开档次,充分体现奖勤罚懒、奖优罚劣、多劳多得、少劳少得以及各种不同劳动之间的差别。目前一些奖金发放上存在的不同程度的平均主义倾向是应该纠正的。要运用物质激励还应当在宏观上创造一种多劳多得光荣,少劳少得不光彩的气氛。把承包奖金交党费或送给幼儿园的精神固然可贵,也令人钦佩,而按合同规定领取承包奖金也是顺理成章的事。如果只是宣传前者,势必使领了承包奖金的人有一种不光彩感,没领的人也就不敢再领了。这样人们也就不敢签订承担风险的承包合同了。盈利受奖不敢领,亏损受罚掏腰包,合同也就失去严肃性了。因此我们的宣传工作应防止片面性,注意政策性。

其次,在实行物质激励时,还必须处理好物质利益和思想政治工作的关系。在运用物质激励的同时,还必须提倡只讲奉献,不讲索取的共产主义精神。那种给多少钱干多少事,干多少事要多少钱的雇用思想必须克服,对那种工作上敷衍塞责,报酬上斤斤计较的人要进行批评教育。但是思想政治工作不能代替物质激励,同样物质激励也不能代替思想政治工作。

最后,在实行物质激励时,还必须处理好国家、集体和个人三者之间的利益关系。在保证国家利益的前提下兼顾集体和职工的物质利益。在经济建设中必须克服不顾国家和集体利益的本位主义和个人主义倾向。

(2)精神激励。即通过适当满足职工精神方面的需要和兴趣来调动人们的积极性。精神的需要包括对智力、道德、审美、自尊、成就等方面的需要。它是在物质需要的基础上产生和发展起来的,是高层次的需要。人的兴趣也是多样的,除了物质兴趣外,还有精神兴趣,如知识兴趣、文艺兴趣等。领导者要创造条件重视满足职工的这些需要和兴趣。

精神激励应当首先满足社会主义职工主人翁地位和权利受到尊重的自尊方面的需要。这是职工积极性和创造性的源泉。其他方面的精神需要和兴趣也应予以满足。

精神激励的具体形式多种多样。例如提拔干部搞民意测验,任用有群众威信的干部,群众感到自己的民主权利得到了尊重,积极性就会高涨。如果不考虑民意,或者只是搞个形式,群众的自尊感受到伤害,就会产生抵触情绪。一个领导人注意给职工提供学习、交往的条件,满足他们学习、娱乐等方面的需要和兴趣,那么他们就会感到领导是关心自己的,干工作就会生气勃勃。如果一个单位的领导经常板着面孔训人,只是让职工干活,不关心职工的愿望和兴趣,使职工把上班看成受罪,把下班看成解脱,积极性就会受到挫伤。

运用精神激励要了解职工的需要和兴趣,对职工进行教育和引导同时还应当运用精神激励的各种"杠杆":比如表扬和批评、记功和处分、授予荣誉称号、丰富业余文娱生活、个别谈心等。

（3）工作激励。即运用工作本身的激励作用。运用工作激励要丰富和扩大工作内容，增加工作责任，激励职工参加管理。

工作激励的形式也是多样的。对于一些积极性高的职工，特别是青年职工要给他们重担子挑，布置挑战性的任务，创造劳动竞赛的环境和气氛，放手让他们干，成绩突出者给予表扬或奖励；出了偏差，帮助他们分析原因，吸取教训，不以一次成败论人。对于有领导才能又有群众威信的人，要大胆起用，放在重要岗位上，让他们发挥更大的作用；对于学识渊博、经验丰富，分析和判断能力较强的人，让他们出谋划策，充当企业的智囊。此外，还要鼓励职工对企业的经营管理提合理化建议，并尽可能吸收职工参与讨论与企业有关的事项。这些是运用工作激励的有效形式和方法。

（本文发表于《河北财经学院学报》1988年第6期，作者陈文法、周泽信）

从系统内主客体关系谈外部环境对企业行为的影响

商业企业经营管理系统是人为建立的经济系统,它可以分为企业子系统、外部环境子系统、信息子系统。从系统的全部关系来看,它又可以分为以下两个层次的主客体关系。

第一,企业子系统内部要素之间的主客体关系,即管理者为主体,而物质要素,如设备、能源、原材料、资金、商品等为客体。

第二,企业子系统与外部环境子系统间的主客体关系,即企业(作为由劳动者构成的社会劳动组织)为主体,而外部环境则被看作客体。

如图2-2所示。

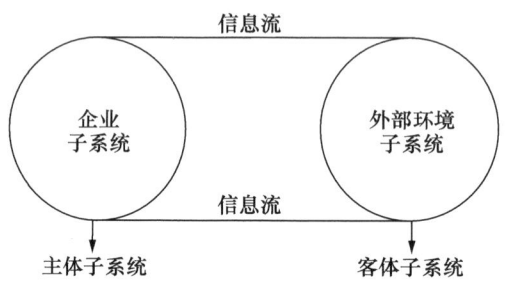

图2-2 企业经营系统

企业能成为认识的主体吗?回答是可以的。马克思主义认识论认为,主体是指社会的、历史的人。人,之所以成为认识主体,是因为它有两点质的规定:社会历史性与自觉能动性。所谓社会历史性,是指主体总是处在一定社会环境内和一定历史时期内,主体的认识和实践活动是受一定社会、历史条件制约的。所谓自觉能动性,是指人所具有的自觉能动地认识社会和自然,改造社会和自然的能力。而且社会的历史的人有多种具体形式,包括个人、社会集团、阶级等。以此类推,企业作为认识主体在经营管理系统中的存在也就不难解释了。其一,企业,严格说它是由人组成的。作为一定历史阶段的社会劳动组织,是社会的历史的人的一类具体集合。其二,企业,作为人的一类集合,同样具有认识主体的两种质的规定,即社会历史性与自觉能动性。

值得提出的是,企业作为认识主体,已经与具体人有了区别:第一,企业内的劳动者是掌握了思想工具的人,即是掌握了经营管理理论、实践,掌握了专门科学技术,掌握了专门劳动技能的劳动者。他们在专业化生产经营领域内,能够吸收、分辨信息,从而正确指导自己的活动。第二,企业内的劳动者是掌握了劳动工具的人,即不仅能够熟练使用生产工具,而且能为自己创造新的生产工具的人。他们依照生产目的、经营管理目的制造和经营社会需要的产品。正因如此,企业不仅能够反映一定时期的生产力和经济关系,而且能不断发展生产力和完善生产关系。从这个意义上说,企业作为经营管理系统中的主体也就是自然的了。

经营管理系统中的主体——企业被确定后,客体也就被确定了。从认识论的主客体关系看,所谓认识的客体是指主体以外的事物,在经营管理系统中,既然企业被认定为主体子系统,不难分辨,企业之外的外部系统环境也就自然成了对应的客体子系统了。

总之,人为建立的商业企业经营管理系统包含着两个层次的主客体关系,一是企业子系统内部的主客体关系,二是企业子系统与外部环境的主客体关系。改革开放以来,第二层次的关系愈来愈重要了。

一、企业子系统与外部环境子系统的主客体关系

商业企业,作为相对独立的经济实体,相对于外部环境,它是认识的主体。同时,外部环境相对于企业这个认识主体,它又是认识对象,即客体。两者相互制约、相互作用,影响着企业的决策行为。

第一,外部环境子系统作为认识客体,是不依赖于主体的客观存在,它是影响企业决策行为的首要因素。企业与外部环境的相互制约,首先表现在企业受到外部环境的制约。企业作为认识主体,其认识内容、认识范围都来自外部环境的客观,离开了认识的客体,主体也就成了无源之水,无本之木。这也就是我们常说的,市场环境是企业进行调查研究、预测的客观对象,企业经营决策也是依据市场环境而作出的。自然,从更深一层意义上说,企业的存在与发展,企业的经营机制,企业的经营方式、管理方式等都要受制于特定的外部环境。

对此层关系的认识,有两点意义:其一,作为企业主体的直接决策者,即领导,必须注意不断地认识外部环境的本质及其变化特点,所有的决策都必须以外部环境的情况为依据,不能主观行事,也不能任意判断,要尽力保持自己的行为

企业改革的演进与逻辑

与外部环境的一致性。其二,我们在改革当中,仅仅注意完善企业的经营机制是不够的,需和企业经营机制的完善与运行,是要受外部环境制约的,如果没有与改革机制相一致的外部环境的改革,企业的改革也可以说是不会成功的。各类承包制试行的过程当中,企业大量出现的"短期行为",不正说明我们在改革当中还没有建立一套约束短期行为的措施吗?应当看到,改革的配套工程,宏观管理体制的改革应当走在前面。只有如此,客体的第一性才能得到反映。

第二,企业作为主体子系统,不是被动地反映外部环境,它对外部环境的认识有着积极的能动作用。其原因包括两个方面:其一,企业内主体人的生理机能对市场环境的感知具有多种功能,包括对给各类信息的选择、加工、处理、分析、综合、储存等能力。还有企业内主体人使用着先进的认识工具,能够突破生理机能的天然界限,提高感知能力,增加认识范围和深度。正是这种功能,使主体既能够看到市场环境的现象,又可以把握市场环境的本质,从而在市场环境发生变化之前,就能预测到变化规律和变化方向,调整自己的行为。这在现实经济运动中,也是被经常证实了的。其二,企业主体人的心理功能往往在一定条件下决定着企业行为的方向和性质。所谓心理功能,包括认识主体的价值观念、目的要求和情感意志。它是主体意识性的产物和表现。企业主体人的目的和要求直接影响着企业的行为,并对所认识的市场环境给予重要的影响。

应当指出,对于主体心理功能对企业行为及外部环境的影响不可等闲视之。在当前改革实践中,企业行为的性质,不仅取决于改革对它的要求,即国家政策对它的要求,往往取决于承包者或承包集体的素质,特别是他们的承包动机和承包目的。实践已经告诉我们,有的企业被承包后,在集国家、企业、职工利益于一体的基础上,效益明显增大,较好地反映了改革的目的和要求;有的则相反。这里原因虽然复杂,但根本的原因仍在于承包者的心理素质。一些人利用改革的机会钻空子、做手脚,先为自己捞一把。这就不得不提醒我们,在选聘承包者的时候,仅仅注意个人的"能耐"是不行的,重要的是要选聘既懂经营管理,又具有好的思想品德的人。

从以上两点主客体相互关系的分析,可以得出如下结论:在企业经营管理系统中,企业作为主体的决策行为,是外部环境诸因素与企业主体生理机能、心理机能相互作用的结果。企业决策行为的内容和性质是由主体子系统与客体子系统相互作用决定的。而且随着外部环境和企业的变化,企业主体的决策行为也要相应发生变化。

基于以上结论,区域决策行为受制于两个因素:外部环境因素和企业自身因素。一般来说,企业决策行为又偏重于受外部环境的制约。

二、商业企业与外部环境在现实中的关系

商业企业经营管理活动不仅是一般经营管理的体现,它首先又是一个特殊的活动,即在特定历史条件下具体的活动。当然,企业与外部环境的相互作用也是具体条件下的具体相互作用。

我国商业企业所面临的外部环境不外乎两个方面:经济环境和社会环境。

观察商业企业所面临的经济环境,首先看到的是供货市场中最明显的一个问题,就是供应商品的质和量都不足。特别是以先进技术为基础的名牌高档消费品,以优质原料为基础或以工艺精湛著称的优质消费品都不能满足消费者需求。如名牌彩电、冰箱、自行车、名牌香烟、酒、名牌毛织品等。其次,我们还可以看到与供应不足并存的一个现象,即在市场中又充斥着大量的消费者不需要的商品。这些商品生产者大多是受技术、经营管理水平限制的小企业或乡镇企业。诸如自行车、黑白电视机、洗衣机、电风扇、电器、收录机、服装、鞋帽、次烟、劣酒等。再次,我国市场内商品流通由于受交通运输条件和通信技术水平影响,造成不能在大范围内畅流,区域性很强。最后一个现象是,市场内同一经济成分或非同一经济成分企业间的竞争条件不一,甚至差别很大。如城市中,大、中、小企业经营设备、资金,所在区域经济效益都有很大差别,而在农村中,供销社难以与个体户匹敌。总之,可以概括为,目前我国商业企业所面临的经济环境是不稳定的。

观察商业企业所面临的社会环境,首先,我国经济改革仍处于初级阶段,许多政策、措施都还与企业内部经营机制改革不配套,尚处于调整、完善阶段。这就是人们常说的政策易变,加之历史遗留下的心理影响,特别是惧变心理是较为普遍存在的。其次,我国宏观间接管理手段仍在初始阶段,往往以直接的方式干扰企业活动。地方政府行政部门、系统内行政部门往往又依据自己地方或系统利益,以成文或不成文的行政命令,干扰企业行为。诸如,干部的安排、职工的安排、资源的分配、销售渠道的确定等。再次,党风和社会风气的不正,一些经济管理部门,如工商、银行、税收、运输部门,甚至包括卫生防疫等部门内一些人利用职权干扰企业的活动。价值商品交易中的搭配风、吃喝风、收受好处费风等等。总之,以上情况都说明我国商业企业面临的社会环境还没有形成有计划商品经济为依托的状态,具有不稳定性。

上述两种不稳定的环境,虽然在改革中党和国家利用改革和法律进行了约束,有逐渐好转的趋势。但现实不能不告诉我们,相对稳定是需要很长一段时间的。而正是目前这种不稳定状态的客观存在,为企业经营管理带来困难,为个别人投机倒把留下空隙,商业企业超常规决策行为的存在也就成了必然。例如,许

多商业企业为了摆脱货源紧张、搭配成风的影响,在一定程度上依赖战友、同事、老乡、亲朋,结成损害正当商品交易原则的关系,以图取得市场中紧俏商品、信贷资金。同时又依赖此层关系网,将积压的商品以提取好处费为诱饵转售出去,此其一。其二,一些承包后的商业企业,承包者利用我们政策还不配套,经验不足之机,以非法手段如偷漏税、行贿、受贿、欺骗等手段坑害国家和消费者。还有,从企业利益出发滥发奖金、乱涨价、乱收费,形成经营中不正之风。甚至产生冒险投机"捞一把"的行为。其三,把已经开放了的市场,又以行业或地区横向联合名义进行分割。"横向联合"是指在社会化大生产条件下,企业以专业化为特点,在打破地域、行业系统封闭后的重新组合,目的在于发展专业化协作,提高经济效益。与此相反,我国从某些大零售商开始,接二连三地组成行业集团,以"横向联合"为名,目的在于垄断资源。接着效仿的就是得不到货源与市场的中小企业,逼得它们走投无路,就是用"土政策",禁止外商进入,禁止在本行业、本地区外采购。如供销社企业不得去商业系统进货等。

以上超常规决策行为的出现,从企业与外部环境的主客体关系看,并不偶然。它是由目前存在的两个内在矛盾决定的,即企业需稳定,而外部却不稳定;改革中的企业需要优秀的经营者,而部分承包者思想动机不纯,经营管理不善。当然,超常规企业决策行为并不是商品经济发展的必然,也不是初级阶段社会主义有计划商品经济发展的必然,它只是在改革进程中出现的特殊产物。因此,必须尽快采取措施予以解决。

综上所述,商业企业经营管理系统内存在着企业与外部环境的主客体关系。企业决策行为是企业主体与外部环境客体相互制约、相互作用的结果。在改革中要使企业决策行为合理化、合法化,外部环境的科学约束是必不可少的。改革的实际也证明,无论改革发展到何种程度,建立一整套硬约束的宏观控制体系,是创造一个和谐统一市场环境的首要目标,否则,企业经营机制的改革也是收效不大的。

(本文发表于《商业研究》1988年第2期,作者周泽信)

企业文化的价值导向与职工积极性的调动

提高企业经济效益是当前经济工作中的一个重要课题,而解决这一问题的关键,则在于深化企业改革。但企业改革是综合的系统工程,并且要伴随着观念上的变革。因此,在注意体制方面改革的同时,还需要注意企业文化因素的作用,尤其要正确处理企业文化的价值导向问题。

劳动者的价值是企业文化的核心内容,它与劳动者积极性有着直接的关系。随着改革开放的不断深化和扩展,以及由此带来的文化和道德观念等方面的深刻变化,企业文化的价值问题更应引起重视。一定的价值观产生于一定的具体的历史阶段和特定的生产关系。只有在具体的活生生的现实生活中形成并体现了劳动者的根本利益的价值观,并以此为导向,才能有效地激发劳动者的劳动热情,调动他们的积极性。这正是本文所要探讨的。

一、现阶段我国企业文化价值观的体系与特征

关于价值观新内涵的"价值"问题,虽然歧义颇多,但有两点是可以肯定的:其一,是作为人的观念形态的价值规定,即具体的人所形成的特有的人生理想和他在现实生活中所获得的人生意义。它一方面表现为人在现实生活中的存在意义;另一方面表现为人在现实生活中所追求的目的意义。这就是人们常说的人生价值的现实性与理想性。现实生活中的人,既表现出他自身价值对社会的影响与作用的现实性,又表现出他对社会理想观念的认同、吸收与实践。其二,是作为社会文化观念形态的价值规定,即某一社会由其特定的政治、经济、文化构成所指向的社会价值理想目标。它一方面植根于现实的某一阶段的政治、经济、文化、宗教、民族的体系之中,反映现实社会的共同文化;另一方面作为现实社会普遍认同的理想价值观念又具有超现实性,反映着现实社会和整个民族对未来发展的期望。这就是所谓社会价值观念的现实性与理想性。每一具体历史条件下的社会,都既要有反映当前现实的特定政治、经济、文化的价值观念体系,也要有

反映理想目标社会的价值观念内容,为整个社会提供明确而统一的方向与目标。

由以上关于"价值"规定的内涵可见,作为由"价值"质的规定所决定的价值观,无论是从人的观念形态的价值还是从社会观念形态的价值来说,它都要反映现实性和理想性。同样,企业文化的价值观必须具有理想性,不仅要反映现阶段社会的普遍价值观内容,也要反映全社会所认同的理想社会的价值观内容,又必须具有现实性,不仅要以现实社会生活作为广泛的实践基础,又必须体现于人们认同的活生生的生活内容之中。价值观的理想性是一般的、绝对的、本质的;而其现实性是特殊的、相对的、具体的,两者相辅相成。

这里之所以首先提出企业文化价值观的理想性与现实性,是因为在企业文化价值观的研究与实践中存在两种情况:①片面强调价值观建设中的理想性,忽视价值观的现实性。在价值导向上一味强调理想性,而不注意将理想性寓于现实性之中,以致形成空洞的说教,或将自身置于导向系统之外去导向,因而失去了现实基础,脱离了群众,使理想价值目标变得模糊。②片面强调价值观建设中的现实性,忽视价值观的理想性。在价值导向上自觉或不自觉地强调个人的物质与精神需要,不考虑现实与理想的不可分割,助长了利己主义,削弱了企业的凝聚力。可见,这两种错误倾向都会导致不良的后果。因此,在价值观的理想性与现实性之间不能简单、机械、片面地选择,而应坚持理想与现实的辩证统一。

基于以上分析,我认为社会主义企业文化价值的内容是应分层次的。

第一,包含着社会主义全民利益。社会主义公有制的全民企业,其根本利益是生产资料所有者全民的利益,它强调以全民利益为理想的工作准则和道德态度。企业文化价值观中的全民利益有着丰富的含义,其核心是全心全意做好本职工作,具体包括:不讲代价的奉献精神;立足本职,在平凡中做出不平凡成绩、助人为乐的精神;苦干实干艰苦奋斗、勤俭办企业的精神等。这些均突出体现了无产阶级的共产主义情操。

第二,它包含着社会主义初级阶段的企业利益。全民所有制企业应实现自主经营、自负盈亏、自我改造、自我发展,成为相对独立的经济实体,因而,企业利益自然应该成为价值观内容中不可缺少的一个层次。它是强调企业整体利益为劳动者行为准则和道德态度的价值观,其核心内容是把企业利益作为劳动者自身利益存在的前提,具体包括:正确处理企业利益与国家利益的关系;企业成员必须自觉维护企业信誉,树立"厂兴我荣,厂衰我耻"的观念;企业成员必须将个人行为约束在企业规范的制度之内等。这些体现了社会化生产中劳动者个人与企业组织之间的关系。

第三,它包含着职工的个人利益。主要包括职工个人在企业中的地位、作用以及由生理、心理所决定的对物质精神生活的需要。劳动者个人的需要是一种客观存在，求得物质需求与精神需求的满足是劳动者工作和行为的目的之一。因此，职工要求不断改善自身物质生活，追求自己在企业和社会中与同志之间和睦相处，要求自己在集体中的地位作用得到认可，要求企业肯定自己的工作成绩并给予相应的荣誉，这些都应视为正当的，并应予以肯定。

我国现阶段企业文化价值的整体是由以上三个层次内容构成的，三个层次的内容相互依存、相辅相成，它们的和谐统一才形成企业文化价值观的体系。对此，还应认清以下两点。

其一，对企业文化价值内容层次性的正确理解应是高层次内容与中低层次内容的统一。高层次内容是社会主义社会与社会主义公有制企业赖以生存与发展的唯一选择，它体现了劳动者在价值理想追求方面的统一性。具体说，每一个劳动者不仅在所追求的人生理想目标上应该体现一致，而且个人的具体理想与社会的普遍理想也应具有一致性。否则，个人就将陷入与社会、与企业的背离与对抗之中，给社会和企业造成不安定因素。同时，劳动者自身也失去个人价值赖以实现的基础。但是，这又不意味着可以否定低层次的内容。低层次内容的存在也是客观的、不容抹杀的。因此，既不能一味主张价值内容的高层次性，也不能片面强调价值内容的低层次性，必须坚持二者和谐、统一的观点。

其二，从现实来看，一个企业如果失去前两个高层次内容的价值追求，就会陷入非理性主义以及由此而带来的劳动者行为的分散或混乱，使劳动者失去信念、丢弃崇高精神和理想，使企业失去内在的"黏合剂"，导致企业内部的混乱；反之，如果放弃对后一个层次内容的追求则会使个人价值成为虚幻，高层次价值内容也无法实现。

二、正确处理企业文化价值各层次间关系的现实意义

企业文化价值的导向与劳动者的积极性有着内在联系。以上论述之所以确立价值、理想与现实统一的观点，从而提出企业文化价值内容的层次性，其目的在于更好地调动劳动者的积极性。

第一，在价值导向上，必须把全民利益置于先导地位。

在社会主义企业职工价值导向上，要不要坚持将全民利益置于先导位置上，有些人是怀疑的，其理由有二：一是认为现在要发展商品经济，企业自身利益能否实现关系着企业的存亡，企业的竞争已被社会认可；二是认为社会环境发生了变化，某些部门、某些人私欲膨胀，腐败现象滋生，实利主义已成为部分人追求的目标。我们认为此种现象确实使人们心灵蒙上了一层阴影，它对企业职工的积极性起着严重的腐蚀作用。但这并不应使我们对全民利益价值导向产生怀疑，相反，它却告诉我们这种现象的发生正是由于离开了马克思主义集体主义的价值导

企业改革的演进与逻辑

向所致。

实际上,将全民利益置于价值导向的先导地位,与发展有计划的商品经济并不矛盾。我们是以公有制为基础的社会主义国家,社会主义企业的劳动者必须具有国家利益、企业利益高于个人利益的价值观。发展社会主义商品经济,必须以社会主义全民利益的道德观念做保证,这正是物质文明建设与精神文明建设同步发展所要求的。发展社会主义商品经济、实现现代化,是全体人民的共同事业。没有统一的价值观念体系,不仅会导致个人实利主义的泛滥,而且将会从根本上动摇企业劳动者的共同信念和精神凝聚力,也就很难想象全体人民的共同目标能得以实现。

要将全民利益置于先导位置上,当前应该注意以下两点:①政治思想工作在全民利益的价值导向上起着重要作用,因而需要加强。诚然,思想工作中存在着空洞的说教代替了对价值观念本身的科学解释的问题。而社会风气和党风中的不良现象又加剧了全民利益价值目标与实际生活的矛盾。但这不表明可以放松政治思想工作,而是必须完善政治思想工作,要在发扬政治思想工作优秀传统的同时,针对现实采取一套群众乐于接受、能解决实际问题的措施和办法,同时要与企业内部社会主义伦理关系特别是领导干部与职工群众的关系的治理整顿相结合。例如,唐山市刘庄煤矿党支部一班人,以自己的言行实践着最高理想的价值观,感染了每一个普通工人,使职工看到了全民利益的价值,从根本上调动了职工心灵深处所蕴藏的积极性。这在当前调动职工积极性、提高企业经济效益中是特别重要的。那种一味以物质利益作为价值导向的做法是不足取的。②充分估计前些年出现的"功利主义"对职工心理造成的不良影响,在全民利益价值观的导向上,注意抓好社会伦理关系的治理,抓好党风和社会风气的治理。作为我们国家执政党的共产党所奉行的全民利益价值观,是全社会的理想。如果党风不正,就可能使整个社会和劳动者心理上产生极大的影响。因此,在抓好政治思想工作的同时,还须注意社会、经济环境的治理和党风建设。只有这样才能使全民利益价值观的现实价值与职工的心贴得更近,从而对职工的心灵产生积极影响。

第二,在价值导向上,应该将"企业利益"置于重要位置。

关心、维护企业利益是一种集体主义的价值观,它在企业内部能够产生一种凝聚力。在最直接的生产活动中使个体力量转化为整体力量。这正是企业利益价值观在调动职工积极性方面的作用。改革开放以来,我们正是在解决经营权与所有权适度分离的过程中,注意到了企业利益在推动企业发展和调动劳动者积极性方面的重要作用,始终把它置于一个重要位置。但是,现实生活中还或多或少存在以下两个障碍:①要求在社会化生产过程中冲淡商品经济的意识,使企业与企业之间在利益上平均化;②要求在社会经济生活中冲淡企业利益的意识,使国家机关、事业单位与企业在利益上平均化;前者主要表现在国家经济行政管理部门对企业干预过多,后者主要表现在社会对企业摊派过多。产生这种现象的原因很复杂,但主要的仍然是平均主义观念在作祟。它否定了企业文化价值中企业利益的存在,导致企业因看不到经过自身努力所应得到的利益而失去锐意进取的动力,间接地导致职工积极性的低落。

企业内部群体凝聚力受多方面因素的影响,企业利益能否得到实现,就是其中一个重要因素。而企业利益能否实现,除上述需要改善企业外部环境之外,增强职工的企业意识即集体主义观念同样是不可缺少的。为此,当前应做好两项工作:①在政治思想工作中加强企业意识的教育,使职工懂得在生产社会化的商品经济条件下,竞争是以企业为单位进行的,个人的才智只有融入集体之中,才能真正起到作用。因此,在集体利益与个人利益发生矛盾时,个人应该服从集体,这不仅是社会主义集体主义应有之义,也是我们中华民族传统文化之精髓。②职工的企业意识即整体利益观念的增强,还要靠改善企业内部的管理,其中尤其应注意的是要建立公正评价与对待职工的系统,努力克服在管理制度面前因人而异而在分配方面贡献大小一个样等现象。评价、对待公正与否,是影响职工心理和积极性的重要因素。有人认为现在职工有钱就干,无钱不干,这种看法是不对的,也是不符合实际情况的。要知道,劳动者的人格是他作为社会的人最希望得到的,而人格的实现有多种形式,企业内部的公正是职工所企盼的。一个在管理方面失去公正的企业,劳动者对它的信任感和职工的积极性就会减弱以至丧失,企业文化的价值导向就会偏离正确轨道。

第三,在价值导向上,要充分尊重职工的个人利益。

在注意企业文化价值观念的理想性的同时,还要充分注意它的现实性。劳动者一求生存,二求温饱,三求发展,均为其客观需要,从价值方面看就是个人利益。目前一些企业职工积极性之所以还没有充分调动起来,除了上述两个层次的价值导向存在问题之外,在职工个人的价值导向上也存在着两个异向同质的问题:①过分强调对职工高层次价值观内容的导向,忽略了高层次价值观念与低层次价值观念之间的联系。例如,有的企业领导者只要求职工无私奉献,而忽视其个人在物质文化生活方面的需要;只强调集体的价值,而忽视职工个人在企业中的地位和作用。这样很难调动和发挥职工的积极性。②过分强调职工在物质利益方面的需要,而忽略尊重职工物质利益作为调动积极性的一种手段与其他需要之间的联系。职工从事的各种劳动,只有在其才能和潜力得到发挥,个人价值得以实现和承认之时,他才感到劳动是愉快的。这是物质利益不能替代的。因此,企业领导者一方面要注意精神方面的需要。例如,善于在用人方面避其所短、用其所长,为他们在企业内发挥作用创造条件,使他们在劳动中感到自己的价值并非

企业改革的演进与逻辑

微不足道,是能够为企业、为社会做出贡献的,自己是社会所需要的。再如,当企业领导利用物质手段调动职工积极性时,必须有一系列措施保证物质待遇与职工个人创造的物质财富相联系,使职工的"个人价值"能在物质待遇中得到实现。否则,如果搞平均主义,职工看不到自己的"个人价值",心理动力就会发生反向作用,丧失对企业的向心力和对社会的责任感。

综上所述,企业文化的价值导向与职工积极性的调动有着内在的联系。几十年来,我们在企业文化价值导向上一贯提倡国家利益与集体利益高于个人利益,在国家利益、集体利益与个人利益发生矛盾时,个人利益应该服从国家利益与集体利益。这无疑是正确的,是社会主义企业文化价值观的本质所要求的。而在集体利益高于个人利益原则指导下,必须注意在企业内发挥每个职工个人的才智和能动性,尊重职工的尊严与个性,保证个人价值和个人利益的实现。这同样是社会主义企业文化价值观的本质所要求的。

历史的和现实的经验告诉我们,那种只强调国家利益与集体利益、无视职工利益的价值导向,是对个人价值的否定,这样会失去群众基础和价值导向的感召力,挫伤职工积极性;那种只强调职工个人利益,无视国家利益与集体利益的价值导向,是对全民集体价值的否定,这样就会丧失价值导向的凝聚力,把职工引入歧途。只有在价值导向上将国家、集体与个人三个层次的利益统一起来时,才能在此基础上将职工中蕴藏着的积极性充分调动出来。这对于当前进一步搞好企业、提高经济效益以至实现我国经济、社会和科技发展的长远目标,都具有重要意义。

(本文发表于《天津财经学院学报》1991年第6期,作者周泽信)

提高商业服务质量是商业劳动特殊性的要求

我们过去由于受传统观念影响，一提商业服务质量就强调这是社会主义商业性质的要求，这固然没错，但缺少了从商业劳动一般性质上分析提高服务质量的必要。

商业劳动，作为社会化生产中社会分工的一部分，其劳动本身就具有与其他社会劳动不同的特殊性，服务就是特殊性的典型。商业劳动从总体上看（不分批发与零售）是由两类劳动组成的：一类是生产性劳动，即商品运输、储存、保管、分装、包装等，它是商品生产过程在流通领域内的延续；另一类则是服务性劳动，即为消费者提供的劳务性的服务，如帮助介绍、挑选商品，帮助包扎商品等，它是商品在交换过程中的特殊劳动。

商业劳动之所以由上述两部分组成，是由商品流通规律决定的。我们知道商业劳动的全部目的，从再生产角度看就是要保证商品能够从生产领域进入消费领域。而如何进入消费，不仅是生产部门、经营部门的问题，还涉及消费的问题。换句话说，如何保证商品能够实现消费，不是生产部门、经营部门一厢情愿的事情，在市场中还要有消费者的情愿，而消费者的情愿又决定于他的需求能否满足。消费者需求是由两部分构成的：一是希望能够购买到满足自己某种物的需求的商品；二是希望能够在购买过程中得到热情、周到的服务及舒畅的购物环境、商店信誉保证等方面需求的满足。当然，物的需求是基本的，但是在商品经济环境下，就某一个具体商业企业而言，能否为顾客提供优质服务，又是保证商品销售出去的重要条件。可见，商业劳动中的服务性劳动正是为了满足消费者对服务需求的劳动，它是保证商品能否实现消费的前提。换句话说，商业企业能否为消费者提供优质服务，是商品能否销售出去的一个重要条件。

因此，我们从以上分析中可以看出，提高商业服务质量从社会主义商业性质来说是必要的，这只是一方面。而从商业劳动的一般性质来说，提高商业服务质量同样是必要的。提高商业服务质量，从其劳动的特殊性来说，即从服务性质来说，是其内在规律性的必然要求。

接下来，从更深层次上认识提高商业服务质量的重要性。商业劳动不同于工业劳动，工业劳动基本上是工业企业内部人与人、人与机器设备之间的活动。而人与人的活动目的在企业内部是一致的，并不存在相互对立的矛盾；人与机器设备之间，人又是主导的，机器完全是被动的，是受工人操控、控制的。决定工业企业质量的支配因素是投资、设备、技术等。商业劳动则不同，从现象上看商业是抓好商品的流转，但其质量的优劣，要受商品和服务两个因素的影响，因为：

商业企业的商品流转过程，实质上表现为两个双向型运动过程的统一。一方面我们看到的商品流转，是商业企业自身目的（实现盈利、求得发展）外化的、客观的运行过程，即为消费者提供商品的过程；另一方面也是我们往往忽略的，是消费者对商业企业提供商品及服务的内在的主体运行过程，即消费者对商业企业提供商品及服务的评价及认同过程。只有当两个过程从对立实现统一，也就是只有当消费者认购了商品之时，商品流转过程才终结，此时，商业企业的目的实现了，同时消费者的目的也实现了。看来，商业劳动质量的优劣，不完全在于设备、技术、工艺，更重要的在于能否为消费者提供他们需要的商品和能否为消费者提供满意的服务。

从以上对商业劳动特殊性的分析，可以得到以下启示：

第一，长期以来，在国营商业内部某些同志始终认为为消费者提供优质的服务，是可有可无的，上级布置了我就抓一阵子，上级抓得紧了我就抓得紧一些，上级松了，我也就松了。这种现象说明，这些同志缺少一种内在的动力，只是靠外界的压力来应付，因此我们就可以看到国营商业企业服务质量至今得不到改善的局面，从理论上说，这些同志缺乏对商业劳动性质及特点的科学认识。

第二，商业企业为消费者提供优质服务，这本是商业企业应该做好的本职工作，它不仅是满足消费者的需要，同时也是实现自己经营目的的需要。但是，长期以来，我们只是强调了社会主义国营商业要为人民服务，没有能够在强调商业从业人员要为人民服务的同时，看到企业利益的存在，看到企业的发展，看到职工利益的增长。这种情况，是导致我们长期抓服务，但是始终得不到理想局面的重要症结所在。问题就在于我们政策导向上，没有能够使商业劳动的科学性质在政策上得到反映，使商业从业人员提高服务质量的责任与自身利益的增长脱节，失去了内在动力。因此，要想提高国营商业企业的服务质量，关键仍在于深化企业改革，只有当企业内在的机制体现了商业劳动性质之时，商业企业服务质量的提供就有了持久可靠的基础。

（本文发表于《天津商业经济》1991年第1期，作者周泽信）

国营商业企业经营机制转换中的障碍

搞活国营商业企业，使其成为自主经营、自负盈亏、自我改造、自我发展的相对独立的经济实体，始终是我国国营商业改革的目标。目前，全国各地正在推广重庆国营商业企业"四放开"的经验，形势喜人。但是，国营商业从整体上来说，还远远没有摆脱市场规模缩小、经济效益下滑、亏损面很大的困境。据中国综合开发研究院组织的"完善日用工业品批发体制的对策研究"课题组调查：1990年末，40158户国营商业企业的亏损面为26%，亏损金额为51.4亿元。这种严峻局面不能不引起我们的关注。分析其原因是复杂的，但问题主要出在商业企业虽然经过多年改革，却没有进入实质性的即机制转换方面的改革。而转换经营机制又非仅仅是企业的自身问题，它与经济体制的改革是密切相关的。因为，企业的活动是在一定的经营环境当中运行的，其中最直接的就是政府的经济体制，与经济体制无关的企业经济活动在现实中是不存在的。这就是说企业经营机制与经济体制有联系。企业的经营行为受制于自身的经营机制，而机制的性质又决定于经济体制，以至于有什么样的经济体制，就有什么样的经营机制影响与制约着企业的经营行为。诚然，经营机制不可能不对经济体制产生影响，但那是个别的、特殊的。改革以来，我们为了寻求在公有制基础之上搞活企业，首先也是在经济体制问题上寻找突破口的。1984年中央就提出了我国的经济体制是建立在公有制基础之上的有计划的商品经济，又同时提出了企业的生产资料所有权与经营管理权分离。过去经济体制方面为企业转换经营机制创造条件的理论选择，从现在看无疑都是正确的。但改革至今的现状并不能令人满意，无论是商业还是工业，其经营机制的转换，活力的实现远远没有完成。其原因一方面在于企业自身，但我们又不能不看到经济体制改革的滞后也制约着企业经营机制的转换。

自主经营是国营企业新的经营机制的重要行为，但在现实中，政府行政管理部门对国营企业的干预过多，是转换经营机制的一个障碍。具体表现在：其一，自主经营，应该是国营商业企业的权利，至于市场中商品供求的调节，只能是通过经营者自身的职能去实现。可是，政府行政管理部门为了维护地区性的市场稳定，保证市场物资供应，满足人民群众的需要，通过发文件、大检查、大评比的形式，将市场调节者的职能加在国营商业企业身上，使企业在实际上回到凡事都依赖政府的行为轨道上，自主经营的改革目标被搁置到了一边。其二，政府行政管理部门为了维护地区性的工商关系、农商关系，往往从狭隘的生产观点、地区观点出发，错误地将工业与农业的困难用行政手段直接转嫁给国营商业企业。例如，将工业积压的商品通过行政手段直接转嫁给商业企业；又如某些地区由于农副产品购销价格倒挂，为了保证农民利益又通过行政手段要求国营商业收购，结果是收得越多赔得越多；再如，地方行政管理部门通过行政手段封锁市场，要求国营商业只收购和经营地方产品，不得经营外地产品。其三，政府部门为了维持市场中某些商品价格的稳定，防止价格放开后引起市场波动，导致人民生活水平受影响，于是对经营与人民生活密切相关产品的某些商业企业给予财政补贴。补贴的本身体现了党和政府对人民生活水平提高的关注，但也不能不注意到某些地区改革以来补贴是越补越多，结果是助长了受补贴企业依赖国家、依赖政府行为的增长，削弱了自主经营的内在动力。

在有计划的商品经济中，企业是独立的生产者与经营者，它们在经济活动中主要是一种利益关系，政府不能，也不应该直接插手企业经营活动。任何一方出现困难与风险，只能由企业自身承担。这是商品经济运行中的基本原则。诚然，目前我们在转换过程中，还不能完全做到此点，但总应该自觉地去引导企业向新的经营机制过渡，而不应该继续将政府的职能加于企业。否则，我们就违背了改革的初衷，从而，在体制上为商业企业自主经营人为地设置了障碍。

自我发展也是企业在有计划的商品经济中的主要行为，是新机制的必然要求，这个问题在现实中又如何呢？其一，企业的自我发展主要表现在税后利润能否向积累转化。利润的增长要靠企业自身的经营，积累的增长首先要靠自身的约束，即不断增加积累、扩大资本、增强实力；同时又要看国家与企业的分配关系，这是由财政体制决定的。我国社会主义国营企业经营实践证明，国家与企业的分配，能否形成企业在全部收入中大约留用35%，是企业是否具备自我发展能力的界限。从目前情况看，国家与企业的分配关系也很难使国营企业具有自我发展的能力。据某大城市对国营商业的调查，企业的税后利润仅为10%左右，加之各种摊派、赞助等，甚至不到10%。这种情况已经使国营企业的自我积累能力到了极困难的境地。虽然国家在三年之内，向国营企业征收所得税率从55%降至33%，为企业自我发展创造了一些条件，但对于目前1/3亏损、1/3虚盈实亏、1/3盈利的国营商业企业来说，又如何实现自我积累、自我发展呢？而且国家财政收入近两年内困难仍然很大，这又如雪上加霜。这就是财政税收体制对国营商业企业自我发展的制约。当然，作为国营商业企业不能因此裹足不前，更要加快自身制度的转换。其二，国营商业企业实现自我发展所需流动资金也存在问题：①1979～1988年，我国社会总产值由7600亿元增加到29807亿元，而国营企业流动资金，却由1313亿元减至1244亿元。如考虑通货膨胀因素，则流动资金的实际价值就更少。这就是我们现在国营商业企业感到资金不足的原因之一。②从1989年至今，国营商业企业无一不受到三角债的拖累，特别是国营大型商业企业，受害更深，资金被拖欠、流通费用中利息增大，经营困难。银行的信用程度已经到了严重影响企业发展的地步。③国家专业银行对国营商业企业实行"存贷分家"。贷款利息明显高于存款利息，加大了国营商业企业的负担，影响了企业的自我发展。此外，从中央到地方，在经济建设上往往用挤占其他资金的办法来安排建设项目，包括现有企业在发展中所必需的资金。这也是体制方面存在的问题。

我们在分析企业自主经营、自我发展的同时，还要讨论企业的约束机制问题。所谓约束机制问题，是指企业自身存在的与体制相适应的按照有关规则规范自己生产、经营行为的机制。它能够在自身行为与国家、企业、社会发生冲突时，依照规范进行有效的制约。经过多年改革，我国国营商业企业在体制转换过程中，新的有效的约束至今没能得到较好解决，甚至可以说问题比较严重。主要表现为：①对企业的发展，即企业的"后劲"问题始终摆不到应有的位置上来。部分企业搞得好，原因也不在于建设了新的机制，而是靠企业党政领导班子素质好、干部事业心强、政治思想工作到位等方面。而多数企业恰恰在这方面又是缺少的，表现在企业发展无长期规划，内部管理松散混乱，资金结构、商品结构不合理，积压商品多，经济效益严重滑坡。②很多企业不注重企业内部积累，将企业发展基金随意转化为企业内部职工的消费基金。有的企业在出现亏损情况下，继续扩大消费基金，导致企业内部国有资产逐渐减少，甚至有的已经消失，出现"空壳社"、"空壳店"。③在生产经营活动中严重触犯消费者、其他企业、社会利益，如服务质量严重下降、经营假冒伪劣商品、短斤缺两、拖欠贷款等。

无论是在产品经济或商品经济内，企业作为社会化生产中的经济组织，都必须有约束自己行为的机制。约束的核心是搞好经营，增加对国家的积累，增加对企业的积累。在产品经济内，企业的约束是靠国家的计划指令，靠党和国家对企业强有力的领导，靠政策、纪律及广大干群的觉悟实现的。在商品经济内，企业的约束是靠与自身利益相联系的市场中的存亡机制决定的。这就是不同经济体制内企业约束机制的特殊性。目前，在我国新旧经济体制转换过程中，我们能够清楚地观察到，在市场利益的诱惑下，原有的企业约束机制正在失灵，而新的市场中企业存亡机制还没有真正起到对企业的约束作用，国有资产得不到硬保护，这就是我们上面分析存在问题的原因。国有资产成了"锅中肉"，谁都想多分、多吃，即使是亏损也无人怜惜，奖金福利照发，高级汽车照买。有的经济学家说得很深刻:长此以往,国有资产将被掏空,公有制基础将被瓦解。这不是危言耸听,是摆在我们面前的事实。

我们说机制是事物内在的一种功能现象,不是谁可以强加给它的。有什么样的经济体制就有什么样的约束机制。在商品经济内,企业作为自生自灭的独立经济实体,其约束机制是靠市场竞争的作用来形成的。因此,当务之急有两点:①国家需要重新研究经营承包责任制存在的根本问题,需要对经营承包责任制的目标加以完善。即由目前的利税承包转向资产承包。关键在于国有资产再不能像现在这样"虚设",应该明确产权关系,把政府对资产的管理与资产的经营分离出来,政府只是对资产进行监督、管理,企业只对国有资产进行经营,企业要有完全独立的经济利益,这就是说,要把企业推向市场。但是把企业推向市场有一个重要前提,这就是必须使企业通过产权界定,政企分开,保证企业成为真正独立的商品生产者与经营者。②国家需要对市场的问题予以高度重视,尽快地对目前的市场进行改革,建立起真正的市场。企业在商品经济内的约束靠的是市场机制,换句话说,如果不存在市场机制,企业的约束也就不存在了。我国目前国营企业约束能力差,其原因也在于此。试想,市场中生产资料还存在着两种价格(双轨制价格体制),某些占有优势的企业,就自然失去竞争对它的约束,而处于劣势的企业,自然也会以非市场规范的行为来对付这种价格体制,约束又从何谈起呢?因此,建立真正的市场是深化改革中的当务之急,让竞争去决定具有独立利益的企业是存是亡虽然不是我们的愿望和理想,但它可能就是社会主义国营商业企业在现实中的必然选择。

目前,我国国营商业企业在经营机制转换中存在两种障碍:一是企业还没有生成一种"我要改革"的内在机制。这与我们还没有下决心切断企业与政府之间直接联系的"脐带",把企业真正推向市场有直接关系。二是国家行政机构也还没有生成一种"我要改革"的内在机制。这与我们还没有下决心将政府的行政管理职能与经营管理企业的职能分开,彻底转换国家政府职能有直接联系。这些都是我们在本文中提到的体制障碍。

综上所述,我国国营商业必须摆脱目前的困境,而要摆脱困境就必须深化改革,深化改革的核心是转换企业经营机制。此点对于国营商业企业来说责无旁贷。然而,转换企业经营机制看起来是企业自身的事情,但它与经济体制密切相关,如果经济体制的改革不深化,企业机制的转换自然就遇到了障碍。因此,我认为体制的改革与机制的改革必须并重深化,否则,即使是破了"三铁",实现了"四开放",国营商业企业也是不会从根本上摆脱困境的。

(本文发表于《商业经济与管理》1992年第4期,作者周泽信)

服务质量的管理与环境的协调

商业企业管理活动不仅是一般企业管理的体现,也是一类特殊企业管理的体现,其中服务质量管理就是其管理特殊的所在。加强服务质量管理,提高服务质量的水平,是商业企业管理的重要组成部分。商业劳动不同于一般的生产性劳动,它由两类不同性质劳动所组成:一类是生产性劳动,即商品运输、储存、养护、分装、包装等;另一类则是服务性劳动,即为消费者提供商品、介绍商品、提供文明及方便等性质的服务等。因此,商业劳动的管理也可分作生产型劳动管理和服务型劳动管理。生产型管理受外部环境变化影响较小,而服务质量的管理则与外部环境变化关系密切。加强服务质量的管理必须注意与环境的协调。

商业企业的商品交换过程(包括商品的收购与销售),实质上表现为企业与外部环境双向运动过程的统一。一方面,作为物的商品实体的交换过程,是为满足消费者对物的需求的过程。这一过程就商业企业而言实质上是商业企业实现盈利,求得自身发展的目的的外化过程;另一方面,是伴随物的实体运动而存在的,消费者购物心理活动的过程。这一过程是消费者对商业企业所提供的商品及服务的评价及认同的过程。它反映了消费者的购物心理。在商品未售出之前,两个过程是对立的,只有当消费者认购了商品,也就是当消费者承认了商业企业所提供的商品及服务水准之时,两个过程才从对立实现统一。这一层次的关系就是商业企业与外部环境之间的基本关系,也可以说是商业企业服务质量管理与外部环境的协调关系。值得一提的是,在商品充裕的环境内,商业企业要提高经济效益求得发展,关键不在于物,而在于能否为消费者提供优质的服务,满足消费者在服务方面的需求。

经过10年改革,我国国营商业企业服务质量管理,从总的来看有许多提高。但是,也不能不看到仍然存在许多问题。

第一,服务质量管理的动力机制还不能适应新环境的要求。在现实中表现为:①很多企业领导仍然习惯于依靠上级业务主管部门布置、检查的硬性办法来对服务质量进行管理。②有部分企业领导习惯于靠群众运动、先进典型引路的方

企业改革的演进与逻辑

法对服务质量进行管理。③还有一些企业领导,试图依靠物质刺激的办法进行管理,忘记了思想政治工作的保证作用。

第二,服务质量管理的约束机制也不能适应新环境的要求。在现实中主要表现为:①个别承包企业经营权的领导,在企业内部不实行民主管理,在强调自主经营的幌子下,为了图谋企业或个人私利,损害消费者利益,导致服务质量严重下降。②部分企业领导片面理解经理负责制,忽视甚至无视党组织在企业服务质量管理中的监督、保证作用,一味强调盈利,损害消费者利益,造成服务质量的下降。

第三,商业企业内部职工心理及行为受环境影响正在发生变化,而在新环境中又失之约束与规范。在现实中表现为:①由于受不良社会风气影响,部分商业职工,特别是部分青年职工既不能将为消费者服务当作本职工作的目标来规范自己的行为,也不能以社会主义商业管理目标来规范自己的行为。②由于企业内部在物质分配方面所存在的平均主义以及企业与外部社会分配中存在的不公现象,也导致部分职工思想上的混乱,在一定程度上影响职工的服务质量。

商业企业的服务质量管理机制与其外部环境是有着密切关系的。其一,外部环境是影响企业服务质量管理行为的首要因素。有什么样的客观环境,就应该有什么样的服务质量管理机制。其二,企业服务质量管理机制在与外部环境相适应的过程中,可以不断完善甚至可以影响外部环境。在社会主义有计划的商品经济发展进程中,必然也必须不断完善企业内部服务质量管理机制。比如,企业要形成自觉提高服务质量的机制,就必须要有一个平等竞争的环境以及解决好自身利益的保障问题;企业要持久、稳定地提高服务质量,就必须解决好产权关系以及政企分开这个棘手的问题;企业要维护消费者利益,就必须解决好内部的约束机制等问题。因此,在目前情况下完善我国国营商业企业服务质量管理机制必须与深化改革有机地结合起来,创造条件使有计划的商品经济体制内的市场环境在提高服务质量的过程中发挥应有的作用,并以此为契机,在深化企业改革的过程中,抓紧解决好以下两个亟待解决的问题。

第一,在观念上不断更新,以适应已经变化了的环境。

第二,从操作方法方面着手完善服务质量管理机制。

多年以来,我国国营商业企业在服务质量管理方面做了大量基础工作,但是现实中存在的许多问题又不得不对管理进行反思。对此,我认为有两点需引起注意:其一,思想政治工作作为社会主义企业的重要管理手段,不能流于形式,要深入职工内心。目前一些企业仍然习惯于把教育职工作为思想政治工作的基点,而不把尊重职工、关心职工、以自己言行去影响职工作为工作基点,从而使领导与职工在感情上不融洽。细致地做人的工作,把工作的重点落到理顺职工情绪的基础之上,激发提高服务质量的内在热情是十分重要的。其二,必须建立以效率为中心的约束管理体制。企业内部的管理约束,是以制度管理为核心的。制度作为服务质量管理约束手段在现行管理中必不可少。但是在现实中也存在制度起不到约束作用的现象。主要原因是,领导遇到人情关系和某种特殊情况,制度的执行就有紧有松,失去了制度的严肃性。约束力的形成不仅在于制度的科学与完善,还在于制度执行过程中的公正性与严肃性。只有两者结合,制度的管理才可能有效率,服务质量的提高才可能有保障。

(本文发表于《商业研究》1993年第2期,作者周泽信)

市场经济与企业文化中的价值观

企业价值观是企业文化的核心内容,它与企业生产与发展有着密切关系。随着社会主义市场经济的建立及现代企业制度的建立,以及由此引发的文化和道德观念等方面的深刻变化,企业文化中的价值观问题不能不引起我们注意。一定的价值观产生于一定的具体的历史阶段和特定的生产关系。只有在其具体的活生生的现实生活中形成并体现了企业及劳动者根本利益和理想的企业价值观,并以此为向导,才能有效地激发劳动者的积极性,从而使企业得到发展。这正是本文所要探讨的。

一、市场经济中企业价值观体系的理想性与现实性

目前,人们对企业文化内涵及外延的认识歧义颇多,但有一点是大家认同的,即价值观是企业文化的核心内容。关于价值从哲学意义上说,是指客体对于主体所具有的意义关系。一个事物,当它被认为是能够满足人的这种或那种需求的时候,就被称为有价值,从而成为主体活动追求的目的。所以不论是人们的实践活动、认识活动,还是人的创造性管理活动,都有明确目的,因此都离不开价值这个问题,人与动物区别的本质就是能够发现、认识价值和获得价值。可见,价值的意义是重要的。

这里之所以要首先提出企业文化价值观的理想性和现实性,是因为在企业文化价值观的研究与实践过程中存在两种情况:①片面强调价值观建设中的理想性,忽视价值观的现实性。在价值观导向上一味强调理想性,而不注意将理想性寓于现实性之中以至成了空洞的说教,或将自身置于导向系统之外去导向,因而脱离了群众,失去了现实基础,使理想价值目标变得模糊虚幻。②片面强调价值观建设的现实性,忽视价值观的理想性。在价值导向上自觉或不自觉地强调个人的物质与精神需求。不考虑现实与理想的不可分割,助长了利己主义,削弱了企业的凝聚力。可见,这两种错误的倾向都会导致不良的后果,其原因之一就是没能认识价值观所具有的双重意义。因此,价值观的理想性与现实性之间不能简

单、机械、片面地选择，而应坚持理想与现实辩证统一。这是价值观本质规定的。

基于以上分析，我认为市场经济中企业文化的价值观是应该有层次的，其体系内含着理想性与现实性的统一。

第一，包含着市场经济中的企业利益。市场经济中的企业，不论其所有制性质如何，都必须是自主经营、自负盈亏、自我改造、自我发展的独立经济实体。产权的确立标志着企业法人在市场经济中的利益和责任，因此企业利益就自然地成为企业追求的价值所在，避开风险、寻求机会求得发展就是企业的最大价值所在。在这种价值追求下，企业的整体利益必然成为劳动者的行为准则和职业道德的准则，从一个层面上说，企业整体利益与职工的个人利益有了内在联系，因此，劳动者的价值观就必然首先内含着企业利益，从而企业的价值追求有了基础性保障；在这种价值追求下，企业的整体利益，必然与外部企业发生对立，从而自我约束，守法经营也必然成为企业的价值追求，这是现代市场经济对企业行为的客观要求，因此，企业的价值观就必然又内含着社会价值观，从而企业的价值追求就有了社会保障，在这种价值追求下，为追求利益最大化，占领市场，赢得消费者，必须将自身利益与消费者利益保持高度一致，要善于将企业利益融入消费者利益之中，从而在满足消费者利益基础上实现企业利益。

第二，包含着劳动者个人利益。主要是指劳动者作为自然人在企业中由其生理、心理自然属性所决定的对物质、精神生活的多种需要。劳动者作为个人的需要是一种客观存在，求得物质与精神需要的满足是劳动者个人行为的原始目的。因此，劳动者一旦进入企业，当他以自己的劳动将企业整体利益的价值追求寓于自身价值追求之中时，劳动者的自身利益也就自然成了企业价值追求的内容。当然，在一个行为失范的企业内部，劳动者的价值追求与企业的价值追求也会失去实现的基础。

第三，包含着国家与民族的利益。关于此点，不论是计划经济内企业，还是市场经济体制企业，国家与民族利益都必须是，也应该是企业的价值追求。国家与民族的利益是企业价值追求中最高层次的内容。国家与民族的利益与企业的利益从根本上说是不矛盾的，但在现实中由于社会价值追求内容与企业价值追求内容在某一时期内的差异，往往导致不平衡。在计划经济内，国家行使行政权力将企业利益的价值追求与国家利益的价值追求混同，否定了企业主体的价值，导致国家利益失去了实现的基础。而在市场经济内，企业作为价值主体其追求的内容，又必须包括其自身存在的母体——国家的利益。只是在这个体制内，国家利益被法规确定为企业价值追求内容的一个部分，其关系应该是国家利益寓于企业利益追求之中，是企业利益实现的前提或条件。

企业改革的演进与逻辑

社会主义市场经济内企业文化中的价值观体系是由上述三个层次内容构成的，三个层次内容相互依存、相辅相成，它们的和谐统一就构成了企业文化中价值观的体系。这个体系中有层次的具体内容，以及它们之间的相互联系体现了价值理想性与现实性的统一。

市场经济内企业价值观体系的关系是：高层次内容与中低层次内容的统一。高层次内容即国家与民族利益是企业赖以生存与发展的必然选择。它体现了企业与劳动者个人在价值理想追求方面的统一性。具体来说，每一个企业及劳动者在追求现实目标与理想目标方面应该一致而且也必然一致。否则，企业与劳动者都将陷入与国家与社会的背离和对抗之中，给社会和企业造成不安定因素，企业与劳动者都将失去自身实现目标追求的基础。当然，这里并非否定低层次的价值追求，在市场经济体制内要看到，低层次价值追求的实现反过来又是高层次价值追求实现的条件。这种统一不仅是在理论上的，现实中也是如此：近些年，我们的一些企业不注意高层次的价值追求，不注意精神文明的建设，陷入了非理性主义的价值追求之中，使劳动者丧失信念，丢弃崇高精神和理想，使企业失去内在的"黏合剂"，导致混乱；反之某些企业把空洞的理想说教摆在价值追求之中，放弃低层次的、现实的职工利益的价值追求，置职工利益于不顾，同样使理想的东西失去了存在的物质基础，仍然导致企业内部混乱。

总之，理想性与现实性的高度和谐与统一，是市场经济中，社会主义企业文化中的价值追求。市场中企业价值观体系正是理想性与现实性关系一般的反映。

二、价值观理想性与现实性统一的现实意义

之所以要确立市场经济的企业价值观体系其目的在于以此为导向，更好地处理企业与市场、企业与国家、企业与职工的关系，从而重新规范市场经济内的企业行为，保证市场经济稳定、有序地运行。

第一，在价值观导向上，必须把国家与民族利益置于先导位置上。

市场经济中要不要将国家利益置于先导位置上，有些人是怀疑的，其理由有二：一是认为现在发展市场经济，企业自身利益是在竞争中实现的，没有企业利益就谈不上企业存在，自然国家利益就不能成为先导。二是认为社会环境发生变化，某些部门、某些人私欲膨胀，腐败现象滋生，功利主义已成为部分人追求的目标，利益关系被颠倒了。这种认识是机械的、片面的，它产生的原因复杂，而从另一方面来说，也正是我们的价值导向出了问题。

实际上，将国家利益置于价值导向的先导地位，与发展市场经济并不矛盾。我们是以公有制为基础的社会主义国家，社会主义企业的劳动者必须具有国家利益、企业利益高于个人利益的价值观，而这正是价值观理想性所决定的。发展社会主义市场经济、实现现代化,是全体人民的共同事业。没有价值观体系中超现实的理想目标的规定,不仅会导致个人实利主义的泛滥,而且将会从根本上动摇企业劳动者的共同信念和精神凝聚力,也就很难想象企业及个人目标能得以实现。

将国家利益置于先导位置上,当前应该注意以下两点:①政治思想工作在国家利益的价值导向上起着重要作用,因而需加强。诚然,思想工作中存在着空洞的说教代替了对价值观念本身科学解释的问题;社会风气和党风中的不良现象又加剧了国家利益价值目标与实际生活的矛盾。但这不表明可以放松政治思想工作,而是必须完善政治思想工作,要在发扬政治思想工作优良传统的同时,针对现实采取一套群众乐于接受、能解决实际问题的措施和办法,同时要与企业内部社会文化伦理关系特别是领导干部与职工群众关系的治理整顿相结合,例如,唐山市刘庄煤矿党支部一班人,以自己的言行实践着最高理想的价值观,感染了每一个普通工人,使职工看到了全民利益的价值,从根本上调动了职工心灵深处所蕴藏的积极性,这在当前变革之时是很重要的。那种一味以物质利益作为价值导向的做法是不足取的。②充分估计目前出现的"功利主义"对职工心理造成的不良影响,在全民利益价值观的导向上,注意抓好社会伦理关系的治理,抓好党风和社会风气的治理。如果党风不正就可能给整个社会和劳动者心理上产生极大的影响。因此在抓好政治思想工作的同时,还须注意社会、经济环境的治理和党风建设。只有这样才能使国家利益价值观的现实价值与职工的心贴得更近,从而对职工的心灵产生积极的影响。

第二,在价值观导向上,应该将"企业利益"置于重要地位。

关心、维护企业利益是一种集体主义的价值观,它在企业内部产生巨大凝聚力。在最直接的生产活动中使个体力量转化为整体力量。这正是企业利益价值观在调动职工积极性方面的作用。改革开放以来,我们正是在解决经营机制转换的过程中,注意到了企业利益在推动企业发展和调动劳动者积极性方面的重要作用,始终把它置于一个重要位置。但是,现实生活中还或多或少存在以下两个障碍:①要求在社会化生产过程中冲淡市场经济的意识,使企业与企业之间在利益上平均化。②要求社会经济生活中冲淡企业利益的意识,使国家机关、事业单位与企业在利益上平均化。前者主要表现在国家经济行政管理部门对企业干预过多,后者主要表现在社会对企业摊派过多。

企业利益能否实现,除上述需要改善企业外部环境外,增强企业的消费者意识也是必不可少的。为此,当前应做好两项工作:①在政治思想工作中加强企业意识的教育,使职工懂得在社会化商品经济条件下竞争是以企业为主体进行的。个人的才智只有融入集体之中,才能真正起到作用。因此,在集体利益与个人利益发生矛盾时，个人应该服从集体，这不仅是社会主义集体主义应有之义，也是我们中华民族传统文化之精髓；职工的企业意识的增强，还要靠改善企业内部的管理，其中尤其应该注意的是要建立公正评价与对待职工的系统，努力克服在管理机制面前因人而异，而在分配面前贡献大小一个样等现象。评价、对待员工公正与否，是影响职工心理和积极性的重要因素。一个在管理方面失去公正的企业，劳动者对它的信任感和职工的积极性就会减弱以至丧失。②企业利益能否实现，与市场经济中消费者利益能否实现紧密相关。以高技术含量的产品，高水平的服务满足消费者需求并确保他们的利益、是企业占领市场，保证自身发展的前提。因此，在市场经济中，提高企业信誉、维护消费者利益、满足消费者需要，正是企业价值追求的重要内容。在价值导向上，要使企业职工意识到，企业利益只有融入消费者利益之中，企业利益才能在现实中获取。

第三，要充分尊重职工的个人利益。

在注意企业文化价值观的理想性的同时，还要充分注意它的现实性。劳动者一求生存，二求温饱，三求发展，均为其客观需要，从价值方面看就是个人利益。目前一些企业职工积极性之所以还没有充分调动起来，除了上述两个层次的价值导向存在问题之外，在职工个人的价值导向也存在着两个异向同质的问题。①过分强调对职工高层次价值观内容的导向，忽略高层次价值观念与低层次价值观念之间的联系。例如，有的企业领导只要求职工无私奉献，而忽视其个人在物质文化生活方面的需求。②过分强调职工在物质利益方面的需求而忽略尊重职工物质利益在调动职工积极性中的一种手段与其他需要之间的联系。职工从事的各种劳动，只有在其才能和潜力得到发挥，个人价值得以实现和承认之时，他才感到劳动是愉快的，这是物质利益不能代替的。因此，企业领导者一方面要注意精神方面的需求。例如，善于在用人方面避其所短、用其所长，为他们在企业内发挥作用创造条件，使他们在劳动中感到自己的价值并非微不足道，是能够为企业、为社会做出贡献的，自己是社会所需要的。

综上所述，市场经济中企业文化价值观体系是理想性与现实性高度和谐的统一。这种体系不仅仅是价值观的一般的本质规定，也是价值观在市场经济特殊条件下的客观要求。价值观体系的科学与否，直接关系着价值导向，从而关系着企业在市场经济中的存在与发展，同时，也关系着社会主义企业内劳动者的素质。无疑，科学价值观的研究与建立，其意义是重大的。特别在当前市场经济建立的重大变革中，科学价值观的研究与建立，其意义则显得更为重要。

（本文发表于《中国人民大学学报》1994年增刊第1期，作者周泽信）

价值导向中理想性与现实性的统一

劳动者价值观是企业文化的核心内容,它与劳动者的积极性有着直接的关系。随着改革开放的不断深化和发展,由此带来的文化、道德观念也正在发生深刻变化,企业文化中的价值问题就不得不被作为一个主要问题来认识和研究了。劳动者的价值观既源于历史的传统,又与具体历史阶段和特定的生产关系相联系,只有在活生生的现实劳动环境中形成并体现了劳动者根本利益的价值观,并以此为导向,才能有效而持久地激发劳动者的劳动热情,调动他们的积极性。这就是本文所提到的价值导向中要注意理想性与现实性的统一。

一、企业文化价值观的理想性与现实性

关于价值观新内涵的"价值"问题,虽然歧义颇多,但有两点是可以肯定的:其一,是作为人的观念形态的价值规定,即具体的人所形成的特有的人生理想和他在现实生活中所获得的人生意义。它一方面表现为人在现实生活中的存在意义;另一方面表现为人在现实生活中所追求的目的意义。这就是人们常说的人生价值的现实性与理想性。现实生活中的人,既表现出他自身价值对社会的影响与作用的现实性,又表现出他对社会理想观念的认同、吸收与实践。其二,是作为社会文化观念形态的价值规定,即某一社会由其特定的政治、经济、文化、宗教、民族的体系反映着现实社会和整个民族对未来发展的期望。这就是所谓社会价值观念的现实性和理想性。每一具体历史条件下的社会,都既要有反映当前现实的特定政治、经济、文化的价值观念体系,也要有反映理想目标社会的价值观念内容,为这个社会提供明确而统一的方向与目标。

由以上关于"价值"规定的内涵可见,作为由"价值"质的规定所决定的价值观,无论是从人的观念形态的价值还是从社会观念形态的价值来说,它都要反映现实性与理想性。同样,企业文化的价值观必须具有理想性,不仅要反映现阶段社会的普遍价值观内容,也要反映全社会所认同的理想社会的价值观内容;必须具有现实性,不仅要以显示社会生活作为广泛的实践基础,又必须体现于人

们所认同的活生生的生活内容之中。价值观的理想性是一般的、绝对的、本质的；而其现实性是特殊的、相对的、具体的，两者相辅相成。

这里之所以提出企业文化价值观的理想性与现实性，是因为在企业文化价值观的研究中存在两种情况：①片面强调价值观建设中的理想性，忽视价值观的现实性，在价值导向上一味强调理想性，而不注意使理想性寓于现实性，以致形成空洞的说教，或将自身置于导向系统之外去导向，因而失去了现实基础，脱离了群众，使理性价值目标变得模糊。②片面强调价值观建设中的现实性，忽视价值观的理想性。使价值导向上自觉或不自觉地强调个人的物质与精神需要，不考虑现实与理想的不可分割，助长了利己主义，削弱了企业的凝聚力。可见，这两种错误倾向都会导致不良的后果。因此，在价值观的理想性与现实性之间不能进行简单、机械、片面的选择，而应坚持理想与现实的辩证统一。

基于以上分析，我认为社会主义企业文化价值的内容是应分层次的。

第一，包含着社会主义全民利益，社会主义有制的全民企业，其根本利益是生产资料所有者全民的利益，它强调以全民利益为理想的工作准则和道德态度。企业文化价值观中的全民利益有着丰富的含义，其核心是全心全意做好本职工作，具体包括：不讲代价的奉献精神；立足本职，在平凡中做出不平凡的成绩；助人为乐的精神；苦干实干；艰苦奋斗；勤俭办企业的精神等。这些均突出体现了无产阶级的共产主义情操。

第二，它包含着社会主义初级阶段的企业利益。全面所有制企业应实现自主经营、自负盈亏、自我改造、自我发展，成为相对独立的经济实体，因而，企业利益自然应该成为价值观内容中不可缺少的一个层次。它是强调企业整体利益为劳动者行为准则和道德态度的价值观，其核心内容是把企业利益作为劳动者自身利益存在的前提，具体包括：正确处理企业利益与国家利益的关系；企业成员必须自觉维护企业信誉，树立"厂兴我荣、厂衰我耻"的观念；企业成员必须将个人行为约束在企业规范制度之内等。这些体现了社会化生产中劳动者个人与企业组织之间的关系。

第三，它包含着职工的个人利益。主要包括职工个人在企业的地位、作用以及由生理、心理所决定的对物质和精神生活的需要。劳动者个人的需要是一种客观的存在。求得物质需求与精神需求的满足是劳动者工作和行为的目的之一。因此职工要求不断地改善自身物质生活，追求自己在企业和社会中与同志之间和睦相处，要求自己在集体中的地位和作用得到认可，要求企业肯定自己的工作成绩并给予相应的荣誉，这些都应视为正当的，并应予以肯定。

我国现阶段企业文化价值的整体是由以上三个层次内容构成的，三个层次的内容相互依存、相辅相成，它们的和谐统一才形成企业文化价值观体系。对此，还应认清以下两点。

其一,对企业文化价值内容层次性的正确理解应是高层次内容与低层次内容的统一。高层次内容是社会主义社会与社会主义公有制企业赖以生存与发展的唯一选择。它体现了劳动者在价值理想追求方面的统一性。具体来说,每一个劳动者不仅在所追求的人生理想目标上应该体现一致,而且个人的具体理想与社会的普遍理想也应具有一致性。否则,个人就将陷入与社会、企业的背离对抗之中,给社会和企业造成不安定因素。同时,劳动者自身也失去个人价值赖以实现的基础。但是,这又不意味着可以否定低层次的内容。低层次内容的存在也是客观的、不容抹杀的。因此,既不能一味主张价值内容的高层次性,也不能片面强调价值内容的低层次性,必须坚持二者和谐、统一的观点。

其二,从现实来看,一个企业如果失去前两个高层次内容的价值追求,就会陷入非理性主义以及由此而带来的劳动者行为的分散或者混乱,使劳动者失去信念、丢弃崇高精神和理想,使企业失去内在的"黏合剂",导致企业内部混乱;反之,如果放弃对后一个层次内容的追求则会使个人价值成为虚幻,高层次价值内容也无法实现。

二、正确理解企业文化机制中理想与现实关系的现实意义

以上论述之所以确立企业文化中价值理想性与现实性统一的观点,从而提出现阶段我国社会主义企业文化价值内容的体系及层次,目的在于更好地调动劳动者积极性。

第一,在价值导向上,必须把全民利益置于先导地位。

在社会主义企业职工价值导向上,要不要坚持将全民利益置于先导位置上,有些人是怀疑的,其理由有二:一是认为现在发展社会主义市场经济,企业自身利益能否实现关系着企业的存亡,企业的竞争已被社会认可;二是认为社会环境发生了变化,某些部门、某些人私欲膨胀,腐败现象滋生,实利主义已成为部分人追求的目标。我认为此种现象确实使人们心灵蒙上了一层阴影,它对企业职工的积极性起着严重的腐蚀作用。但这并不应该使我们对全民利益价值导向产生怀疑;相反,它却告诉我们这种现象的发生正是由于离开了马克思主义集体主义的价值导向所致。

实际上,将全民利益置于先导位置上,当前应该注意以下两点:①政治思想工作在全民利益的价值导向上起着重要作用,因而需要加强。诚然,思想工作中存在着空洞的说教代替了对价值观念本身的科学解释的问题。而社会风气和党风中的不良现象又加剧了全民利益价值目标与实际生活的矛盾。但这不表明可以放松政治思想工作,而是必须完善政治思想工作,要在发扬政治思想工作优良传统

企业改革的演进与逻辑

的同时,针对现实采取一套群众乐于接受、能解决实际问题的措施和办法,同时要与企业内部社会主义伦理关系特别是领导干部与职工群众的关系的治理整顿相结合。例如,唐山市刘庄煤矿党支部一班人,以自己的言行实践着最高理想的价值观,感染了每一个普通员工,使职工看到全民利益的价值,从根本上调动了职工心灵深处所蕴藏的积极性。这在当前调动职工积极性、提高企业经济效益中是特别重要的。那种一味以物质利益作为价值导向的做法是不足取的。②充分估计"功利主义"对职工心理造成的不良影响,在全民利益价值观的导向上,注意抓好社会伦理关系的治理,抓好党风和社会风气的治理。作为我们国家执政党的共产党所奉行的全面利益价值观,是全社会的理想。如果党风不正,就可能会给整个社会和劳动者心理上造成极大的伤害。因此,在抓好政治思想工作的同时,还须注意社会、经济环境的治理和党风建设。只有这样才能使全民利益价值观的实现价值与职工的心贴得更近,从而对职工的心灵产生积极影响。

第二,在价值导向上,应该将"企业利益"置于重要位置。

关心、维护企业利益是一种集体主义的价值观,它在企业内部能够产生一种凝聚力。在最直接的生产活动中使个体力量转化成为整体力量。这正是企业利益价值观在调动职工积极性方面的作用。改革开放以来,我们正是在解决经营权与所属权适度分离的过程中,注意到了企业利益在推动企业发展和调动劳动者积极性方面的重要作用,始终把它置于一个重要位置。但是,现实生活中还或多或少存在以下两个障碍:①要求在社会化生产过程中冲淡商品经济的意识,使企业与企业之间在利益上平均化。②要求在社会经济生活中冲淡企业利益的意识,使国家机关、事业单位与企业在利益上平均化。前者主要表现在国家经济行政管理部门对企业的干预过多,后者主要表现在社会对企业摊派过多。产生这种现象的原因很复杂,但主要的仍然是平均主义观念在作祟。它否定了企业文化中企业利益的存在,导致企业因看不到经过自身努力所应得到的利益而失去锐意进取的动力,间接地导致职工积极性的低落。

企业内部的群体凝聚力受多方面因素的影响,企业利益能否得到实现,就是其中一个重要因素。而企业利益能否实现,除上述需要改善企业外部环境以外,增强职工的企业意识即集体主义观念同样是不可缺少的。为此,当前应该做好两项工作:①在政治思想工作中加强企业意识的教育,使职工懂得在生产社会化的市场经济条件下,竞争是以企业为单位进行的,个人的才智只有融入集体之中,才能真正地起到作用。因此,在集体利益与个人利益发生矛盾时个人应该服从集体,这不仅是社会主义集体主义应有之义,也是我们中华民族传统文化的精髓。②职工的企业意识即整体利益观念的增强,还要靠改善企业内部的管理,其中尤其应该注意的是要建立公正评价与对待职工的系统,努力克服在管理制度面前因人而异,而在分配方面贡献大小一个样等现象。评价、对待公正与否,是影响职工心理与积极性的重要因素。有人认为现在职工有钱就干,无钱不干,这种看法是不对的,而人格的实现有多种形式,企业内部的公正是职工所盼的。一个在管理方面失去公正的企业,劳动者对它的信任感和职工的积极性就会减弱以致丧失,企业文化的价值导向就会偏离正确轨道。

第三,在价值导向上,要充分尊重职工的个人利益。

在注意企业文化价值观念的理想性的同时,还要充分注意它的现实性。劳动者一求生存,二求温饱,三求发展,均为其客观需要,从价值方面看就是个人利益。目前一些企业职工积极性之所以还没有充分调动起来,除了上述两个层次的价值导向存在问题之外,在职工个人的价值导向上也存在着两个异向同质的问题:①过分强调对职工高层次价值观内容的导向,忽略了高层次价值观念与低层次价值观念之间的联系。例如,有的企业领导者只要求职工无私奉献,而忽视其个人在物质文化生活方面的需求;只强调集体的价值,而忽视职工个人在企业中的地位和作用。这样很难调动和发挥职工的积极性。②过分强调职工在物质利益方面的需求,而忽略了尊重职工物质利益作为调动积极性的一种手段与其他需要之间的联系。职工从事各种劳动,只有在其才能和潜力得到发挥,个人价值得以实现和承认之时,他才会感到劳动是愉快的,这是物质利益不能替代的。因此,企业领导者一方面要注意精神方面的需要,例如,善于在用人方面避其所短、用其所长,为他们在企业内发挥作用创造条件,使他们在劳动中感到自己的价值并非微不足道,是能够为企业、为社会做贡献的,自己是社会所需要的。再例如,当企业领导利用物质手段调动职工积极性时,必须有一系列措施保障物质待遇与职工个人所创造的物质财富相联系,使职工的"个人价值"在物质待遇中得到实现。否则,如果搞平均主义,职工看不到自己的"个人价值",心理动力就会发生反向作用,丧失对企业的向心力和对社会的责任感。

综上所述,企业文化的价值导向与职工积极性的调动有着内在的联系。几十年来,我们在企业文化价值导向上一贯提倡国家利益与集体利益高于个人利益,在国家利益、集体利益与个人利益发生矛盾时,个人利益应该服从国家利益与集体利益。这无疑是正确的,是社会主义企业文化价值观的本质要求的。而在集体利益高于个人利益原则指导下,必须注意在企业内发挥每个职工个人的才智和能动性,尊重职工的尊严与个性,保证个人价值和个人利益的实现,这同样是社会主义企业文化价值观本质所要求的。

历史的和现实的经验告诉我们,那种只强调国家利益与集体利益、无视职工利益的价值导向,是对个人价值的否定,这样会失去群众基础和价值导向的感召力,挫伤职工积极性;那种只强调职工个人利益,无视国家利益与集体利益的价值导向，是对全民集体价值的否定，这样就会丧失价值导向的凝聚力，把职工引入歧途。只有在价值导向上将国家、集体与个人三个层次的利益统一起来时，才能在此基础上将职工中蕴藏着的积极性充分调动出来。这对于当前进一步搞好企业、提高经济效益以至发展我国社会主义市场经济，都具有重要意义。

（本文发表于《河北财经学院学报》1994年第3期，作者周泽信）

市场经济体制下的企业组织和管理

一、市场经济中企业管理的动因

企业组织制度与经济体制密切相关,有什么样的经济体制就应该有什么样的企业组织制度以及与之相适应的企业管理。在市场经济体制确立的今天,建立与这一体制相适应的企业组织和管理制度是一项基础性的重要工作。

在传统的计划经济体制下,国有企业的管理是以行政指令、政策动员、精神鼓励、集中控制和全员福利等因素为动因的。市场经济体制下企业的管理动因则不同,这是由不同的企业组织制度所决定的。

在历史上,市场经济首先是在资本主义社会中发展起来的,市场经济中的企业组织也经历了由个人资本、合伙资本到股份制的演进过程。在资本主义社会生产发展中,工业革命导致昂贵设备和技术的出现,在竞争的压力下资本家必须购买现金技术和设备才能免遭淘汰,而有限的个人资本很难迅速提高资本有机构成和扩大生产规模。在这种情势下,只有走集资的道路,于是出现了股份制企业,产权形式由个人产权转化为"集体产权"。这种变化适应了生产社会化的内在要求,因而在当时生产社会化的水平内具有生命力。企业资本的股份化在一定程度上缓解了资本私人占有与生产社会化的矛盾,推动了生产力的发展。难怪美国著名管理学家巴特勒(N. M. Butler)说:"有限责任公司是近代最伟大的一个发明,甚至连蒸汽机和电的发明都不如有限责任公司来得重要。"[1] 资本集中的客观要求,即市场竞争压力迫使企业组织形式出现了公司化,资本股份化了的公司又为生产社会化的发展提供了可能,从而又在新的水平上促进了市场经济的发展。市场经济与现代企业组织(公司)之间,就是这样一种逻辑关系。

分析市场经济体制下企业组织的管理动因,不应仅仅看到它的形式变化,还必须注意到,企业组织产权关系的本质即自负盈亏,是没有改变的。不论过去或

---

[1] 黄速建:《公司论》,北京:中国人民大学出版社,1990年版。

企业改革的演进与逻辑

现在,也不论是否实行股份制,市场经济中的企业都是谁出资谁承担经营风险,谁出资谁分享经营利益,在这点上并没有本质的不同。

由此可以清晰地看到,市场经济体制内的现代企业组织的管理动因,是以企业法人财产权利为核心、以现代企业组织制度为基础的,即以出资者财产权利法人或个人所有、劳动者劳动权利个人所有为基础的。它的管理动因由两部分(外部因素与内部因素)构成,外部因素就是市场竞争的直接压力,内部因素就是出资者作为"财产守护神"的强烈财产权利与责任。二者的辩证统一正是现代企业组织的管理动因。因此,我们国有企业的改革,必须在坚持公有制为主体的同时,转变企业管理动因,使之适应社会主义市场经济的要求。否则,现代企业制度的建立就不会有可靠的基础,管理制度也只能流于形式。

二、市场经济体制下的企业组织结构

企业资本股份化以后,原先集资本所有权与经营权于一身的企业组织结构(即权力制衡关系)被新的组织结构(制衡关系)替代。这就是出资者群体(股东大会)、出资者群体代理(董事会)、资本经营者(经理)三者形成的组织结构,它包括两个层次:其一,企业股东与董事会之间的关系。由企业出资者群体组成企业股东代表大会,股东代表大会民主推选董事,董事是股东的受托人,承担股东的受托责任。由董事组成的董事会受股东代表大会的信任与委托,作为股东利益代表,负责经营企业财产,而成为公司的法定代表人(依照公司法行使职权)。股东个人不能干预公司经营,如对公司经营不满,只能以转让股权的形式而离去。其二,董事会与经理之间的关系。董事会及董事长一般不直接经营企业,而是从社会上选聘直接经营者——经理。经理一旦接任,他与董事会之间就是委托代理的契约关系。经理有义务与责任依法经营管理好企业,董事会有权依据公司法条例进行监督、审计,并对经理业绩做出评判。经理不是法定代表人,其权力受董事会委托范围的限制,重大决策要经董事会决定。但在授权范围内,经理对企业经营具有全权。

在以上两个层次关系中,第二层次关系是组织结构的核心。因为股东与董事追求的目标是一致的,他们都是出资者。而董事会与经理所追求的目标却不完全一致,经理追求的主要是通过付出劳动得到相应收入最大化。为协调此层关系,可采用多种制衡的手段:①依据经理合同期内业绩,董事会有权对经理续聘或解聘;②通过优厚待遇,激励经理努力工作;③企业股票在股市上跌升状况,是对经理声誉的评价,会影响经理的社会地位与经济收入,是公正的强制性约束。这些多样化的制衡手段,协调了董事会与经理间的关系,保证了组织的稳定。

市场经济体制下的企业组织结构具有两个特点:一是法制化。组织结构中的各种关系不是依靠行政手段,而是受一系列法规约束;二是市场化。组织结构中的矛盾不是单纯依靠情感和意志解决,而是由企业在市场中的地位评断,从而更加公正。这两个特点,使企业内权力制衡关系趋于协调,形成了上述两个层面上清晰的权力与责任范围,在运作中相互制约,保证了"信任委托关系"及"委托代理关系"的实现,为高效率经营管理奠定了组织基础。

在比较完全的市场条件下,存在着一个与股票、证券市场同等重要的"企业家市场",它作为高级劳动力市场为企业组织结构的稳定提供了必要的条件。企业家市场中的竞争保证了企业能够在市场中选聘到在经营管理和道德、品行方面都能胜任企业经理职责的企业家,同时也为企业家可以在更大的选择范围内,以自愿的服从为代价,获得自己认可的货币收入与非货币收入(荣誉等),在满足的环境内以自愿的服从态势进入权力结构,从而弱化组织结构内的矛盾,增强组织效率。

企业家可以自由进入和自由退出的服从模式在市场内得到实现,使自愿服从控制的经理进入组织结构,这是建立现代企业组织的必要前提和一个重要的稳定条件,否则,即使将国有企业进行了股份化改造,但如果企业的权力结构依然由政府的行政命令建立,没有由市场进行选择的自由进出的服从模式,那么现代企业组织结构也只能流于形式。其结构势必与过去政企不分的组织结构在性质上无异,仍会矛盾重重,效率低下。

三、市场经济体制下的企业管理制度

管理制度是保证企业在规范的条件内正常、安全、稳定运转的制约条件,制度就是带有强制约束性的条例。从管理学的角度看,管理制度作为一种非市场约束手段,包含两个方面的行为,即控制与服从,二者互为前提、互相依赖,没有足够集中的制度控制,就不可能获得足够的服从;没有足够的必要的服从,便无法实施和维持集中控制。这是企业管理制度实施的核心。

在不同的经济体制下存在着不同性质的控制——服从的制度模式。一种是被控制者(经理与普通劳动者)不能自由进入和自由退出的模式,它依靠强制来支撑。过去计划经济内的企业管理模式即属此种;另一种是被控制者可以自由进入和自由退出的服从模式,被控制者可以自由出入,无须使用强制的手段来保证服从,劳动者以自愿服从和被控制为代价来换取更大范围内的选择自由。在较为完善的市场经济环境内,较普遍实行的就是这种以自愿服从为基础的企业管理制度。

上述两种管理模式的差别在于:市场经济环境下的企业管理制度,是以自愿和尊重劳动者权利为基础,同时又受到市场竞争约束和制约的管理控制;而计划

企业改革的演进与逻辑

经济体制下的企业管理制度,是一种以强制代替自愿为基础,排斥市场竞争约束制约的管理控制。企业管理制度的某些部分在两种不同体制内可以是一致的,但没有特定环境(市场的、法律的)的配套,管理制度的运作会有两种不同的结果。我国目前国有企业内推行的"劳动合同制",形式与市场经济是适应的,但劳动效率并没有明显改善,原因就在于市场竞争的约束、法律的约束并没有形成,而与计划经济相适应的"能进不能出"、工人干部有别等制度仍然保留着。可见,如果没有与劳动者权利相联系、没有市场约束及其他制度方面的创新,而只是简单地移植现代企业管理制度,就会流于形式。因此,我们在建立现代企业制度的实践中,不能单凭热情与愿望,而要在充分了解中国现实具体情况基础上,留心于市场环境的制度建设,留心于法制的完善,使这些方面配套推进。

下面着重论述一下市场经济体制内企业的劳动制度和财务制度。

企业劳动制度是现代企业制度的一个重要组成部分。它包括招工、工资决定、辞退、退休、企业福利、劳动合同、企业劳动规定等。劳动制度实质上在企业与劳动者之间规范了劳动力资源交易分配关系,主要界定企业与劳动者各自的权利与义务,从而使双方在自愿基础上的聘用与受聘的契约关系得以实现,保证劳动力投入、使用成本市场化及产出市场化。所谓市场化,即在竞争环境内投入使用成本最小化和产出最大化。以保证企业的高效率。

现代企业劳动制度的实现必须有以下几个条件:第一,劳动者权利必须在社会范围内得到承认,解决好市场经济中人的独立性问题。市场经济运行中的个人具有消费者和劳动力供给者的双重身份,这种双重身份的基础是"人的独立性"。在传统计划经济体制内,劳动者个人作为劳动力拥有者的权利是被忽视的,只拥有有限的消费者权利。在《关于建立社会主义市场经济体制若干问题的决定》中,已经明确提出建立劳动力市场,可以认为这是对劳动力个人所有权的肯定。但是,劳动者人事档案调转、企业内工人干部区别、城乡劳动者身份差别、户籍制度等都是与劳动力个人所有制相悖的,是劳动者自由流动、自由选择职业的制度障碍。因此,当前在建立企业劳动制度时,首先应该确立劳动力个人所有制度,建立允许劳动者在劳动力市场寻找自己位置的制度保障,允许劳动力自由流动、自由买卖,视劳动力为商品。第二,建立与企业劳动制度相配套的国家劳动保障制度。市场经济是契约经济和法制经济。劳动者和企业双方的权利和义务在自愿基础上受市场的调节与约束,但是市场调节不是完全充分的,国家必须对市场失效部分加以调控。国家制定《公司法》、《劳动法》,规定企业和劳动者之间的合同制度,规定工时、用工年龄、安全条件,等等;建立有关劳动调节仲裁机构,调整企业和劳动者之间的劳动纠纷;建立社会保障制度,对劳动者失业、退休、疾病等实行社会保障。所有这些都是国家制约经济行为的随意性、保证市场经济运转稳定的法律措施，同时也是通过制度将企业及劳动者风险社会化，用法律来保障资源利用的高效率和社会稳定的。第三，建立与企业劳动制度相适应的社会文化。社会文化对劳动者行为有着深刻而广泛的影响，在一定程度上支配着劳动者行为。市场经济中的社会文化包含着追求效率，承担风险，责任自负，忠于企业等价值观，这对劳动者行为与现代企业劳动制度保持一致都具有制度所起不到的作用。它在更深层次上约束劳动者行为与企业行为，使劳动者个人、企业、社会发展协调一致。

企业财务制度也是现代企业制度的一个重要组成部分。它包括企业内部财务会计制度、内部审计制度等。现代化企业财务制度的实施必须具备下列条件：第一，企业必须是独立的以法人财产权利为基础的经济实体。在我国企业改革的过程中，私营企业、股份合作制集体企业自负盈亏的机制是建立在个人产权关系基础上的，是名副其实的独立经济实体。而如何塑造国有企业特别是大中型国有企业自负盈亏的机制，还需要在实践继续中探索和推进。如果这个问题解决不好，则实施《企业会计准则》，建立与国际惯例一致的企业财务会计体系；强化企业内部财务管理，完善企业审计制度，通过内部审计组织的社会审计力量，形成对企业的审计监督等都难以落实，现代企业财务管理制度也难以建立健全。第二，认真贯彻《国有企业财产监督管理条例》，尽快建立起一套既能保障国有资产保值增值，又能促使企业摆脱低效率运行状态的国有资产管理体系，当务之急是如何防止国有资产的流失。否则，建立现代企业财务制度仍是空谈。第三，尽快解决国有企业遗留下来的资产与债务问题，这种历史上遗留下来的资产与债务问题成因复杂，既有政策不当造成的，也有企业经营管理不当造成的，应该区别情况加快清理的速度。

市场经济体制下企业组织的管理较之传统计划经济体制下企业组织的管理，无论在管理动因、管理组织结构、管理制度以及效率等方面，都更具优越性与先进性，而它的建立又必须是在确定现代企业组织基础之上。我们在经受了长达10年双重经济体制并存摩擦之后，已经到了与计划经济体制下的企业组织彻底告别的时候了。只有实行单一的市场经济体制，新的企业管理才有立足的组织基础、动因基础，即市场经济基础。

（本文发表于《现代财经》1994年第5期，作者周泽信）

市场经济与企业文化的价值观

企业价值观是企业文化的核心内容，它与企业的生存与发展有着密切关系。随着社会主义市场经济的建立及现代企业制度的建立，以及由此引起的文化和道德观念等方面的深刻变化，企业文化中的价值观问题不能不引起我们注意。一定的价值观产生于一定的具体的历史阶段和特定的生产关系。只有在具体的活生生的现实生活中形成并体现了劳动者根本利益和理想的企业价值观，并以此为导向，才能有效地激发劳动者积极性，从而使企业得到发展。这正是本文所要探讨的。

一、市场经济中企业文化价值观的理想性与现实性

目前，人们对企业文化内涵及外延的认识歧义颇多，但有一点是大家认同的，即价值观是企业文化的核心内容。关于价值从哲学意义上说，是指客体对于主体所具有的意义关系。一个事物，当它被认为是能够满足人的这种或那种需要的时候，就被称为有价值，从而成为主体活动追求的目的。所以不论是人们的实践活动、认识活动，还是人的创造性管理活动，都有明确目的，因此都离不开价值这个问题，人与动物区别的本质就是能够发现、认识价值和获取价值。可见，价值的意义是重要的。

价值观则是关于价值的观念，是指人们对客观存在于周围，影响自身生存和发展的物质文化现象的意义、重要性的总评价和总看法。价值观作为人对客观事物的评价、看法的态度与标准，是同人的需要、志向、理想密切联系的，同一事物的价值会因评价主体不同而得出不同的评价，甚至是截然相反的评价，从而做出对该事物是追求还是排斥的不同判断。正是价值观的这一特征决定了价值观对人的行为产生着重要影响，它调节和控制人的情绪、志趣、意志和态度，指导着人们的活动，规范着人们的行为。企业文化中的价值观也是如此。可见价值及价值观在当前变革的时代，其意义就显得格外引人注目。而正确认识市场经济体制内企业文化价值体系是确定价值导向的基本内容，它与劳动者积极性的调动有着

直接关系，从而与企业发展又有着直接关系。一个企业一旦形成了一套为自己职工认同了的价值体系，企业文化就以此为核心形成了。

无论是从人的观念形态的价值还是从社会观念形态的价值来说，它都要反映现实性和理想性。同样，企业文化的价值观也同样具有理想性，不仅要反映现阶段社会的普遍价值观内容，也要反映全社会所认同的理想社会的价值观念内容；又同样具有现实性，不仅要以显示社会生活作为广泛的实践基础，又必须体现于人们所认同的活生生的生活内容之中。价值观的理想性是一般的、绝对的、本质的；而其现实性是特殊的、相对的、具体的。价值的理想性寓于生动、具体的现实性之中。

基于以上分析，我认为市场经济中企业文化的价值观是应该有层次的，包括以下内容。

第一，包含着市场经济中的企业利益。市场经济中的企业，不论其所有制如何，都必须是自主经营、自负盈亏、自我改造、自我发展的独立的经济实体。产权的确立标志着企业法人在市场经济中的利益和责任，因此企业利益作为企业就自然地成为其追求的价值所在。避开风险、寻求机会求得发展就是企业的最大价值所在。在这种价值追求下，企业的整体利益必然成为劳动者的行为准则和职业道德的准则，从一个层面上说，企业整体利益与职工的个人利益有了内在联系。因此，劳动者的价值观就必然首先内含着企业价值观，从而企业的价值追求就有了基础性保障；在这种价值追求下，企业的整体利益，必然与外部利益发生对立，从而自我约束、守法经营也必然成为企业的价值追求，因此，企业的价值观就必然又内含着社会价值观，从而企业的价值追求就有了社会保障。

第二，包含着劳动者个人利益。主要是指劳动者作为自然人在企业中由其生理、心理自然属性所决定的对物质、精神生活的多种需要。劳动者作为个人的需要是一种客观存在，求得物质与精神需求的满足是劳动者个人行为的原始目的。因此，劳动者一旦进入企业，当他以自己的劳动将企业整体利益的价值追求寓于自身价值追求之中时，劳动者的自身利益也就自然成了企业价值追求的内容。当然，在一个行为规范的企业内部，劳动者的价值追求与企业的价值追求是一致的，并不产生根本的矛盾，否则，企业整体利益的价值追求也会失去实现的基础。

第三，包含着国家与民族的利益。关于此点，不论是计划经济体制内企业，还是市场经济体制内企业，国家与民族利益都必须是，也应该是企业的价值追求。国家与民族的利益是企业价值追求中最高层次内容，国家与民族的利益与企业的利益从根本上说是不矛盾的，但在现实中由于社会价值追求内容与企业价值追求内容在某一时期内的差异，往往导致不平衡。在计划经济体制内，国家行使行政权力将企业利益的价值追求与国家利益的价值追求混同,否定了企业主体的价值,导致国家利益失去了实现的基础。而在市场经济内,企业作为价值主体,其追求的内容又必然包括其自身存在的母体——国家的利益。只是在这个体制内,国家利益被法规确定为企业价值追求内容的一个部分,其关系应该是国家利益寓于企业利益追求之中,企业利益的实现是国家利益实现的前提或条件。

社会主义市场经济内企业文化中价值观的体系是由上述三个层次内容构成的,三个层次内容相互依存、相辅相成,它们的和谐统一就构成了企业文化中价值观的体系。这个体系中不同层次的具体内容,以及它们之间的相互联系体现了价值理想性与现实性的统一。

市场经济内企业文化价值体系的理想性与现实性统一的关系是:高层次内容与中低层次内容的统一。

总之,理想性与现实性的高度和谐与统一,是市场经济中,社会主义企业文化中的价值追求。此种具体的理想与现实的统一,正是理想性与现实性关系一般的反映。

二、价值观理想性与现实性统一的现实意义

以上论述企业文化中价值观念体系理想性与现实性的统一,其目的在于以此为导向,更好地处理企业与国家、企业与职工的关系,从而调动企业与劳动者内在的活力与积极性。

第一,在价值导向上,必须把国家与民族利益置于先导位置上。

市场经济中,要不要将国家利益置于先导位置上,有些人是怀疑的,其理由有二:一是认为现在发展市场经济,企业自身利益是在竞争中实现的,没有企业利益就谈不上企业存在,自然国家利益就不能成为先导。二是认为社会环境发生变化,某些部门、某些人私欲膨胀,腐败现象滋生,功利主义已成为部分人追求的目标,利益关系被颠倒了。这种认识是机械的、片面的,它产生的原因复杂,而从另一个方面说,也正是我们的价值导向出了问题。

实际上,将国家利益置于价值导向的先导地位,与发展市场经济并不矛盾。我们是以公有制为基础的社会主义国家,社会主义企业的劳动者必须具有国家利益、企业利益高于个人利益的价值观。发展社会主义市场经济,必须以社会主义国家利益的道德观念做保证,这正是物质文明建设与精神文明建设同步发展所要求的。发展社会主义市场经济、实现现代化,是全体人民的共同事业。没有统一的价值观念体系,不仅会导致个人实利主义的泛滥,而且将会从根本上动摇企业劳动者的共同信念和精神凝聚力,也就很难想象全体人民的共同目标能得以实现。

将国家利益置于先导位置上，当前应该注意以下两点：①政治思想工作在国家利益的价值导向上起着重要作用，因而需加强。诚然，思想工作中存在着空洞的说教代替了对价值观念本身科学解释的问题。而社会风气和党风中的不良现象又加剧了国家利益价值目标与实际生活的矛盾。但这不表明可以放松政治思想工作，而是必须完善政治思想工作。例如，唐山市刘庄煤矿党支部一班人，以自己的言行实践着最高理想的价值观，感染了每一个普通工人，使职工看到了全民利益的价值，从根本上调动了职工心灵深处所蕴藏的积极性，这在当前变革之时是很重要的。那种一味以物质利益作为价值导向的做法是不足取的。②充分估计目前出现的"功利主义"对职工心理造成的不良影响，在全民利益价值观的导向上，注意抓好社会伦理关系的治理，抓好党风和社会风气的治理。如果党风不正就可能给整个社会和劳动者心理上造成极大的伤害。因此，在抓好政治思想工作的同时，还须注意社会、经济环境的治理和党风建设。只有这样才能使国家利益价值观的现实价值与职工的心贴得更近，从而对职工的心灵产生积极影响。

第二，在价值导向上，应该将"企业利益"置于重要位置。

关心、维护企业利益是一种集体主义的价值观，它在企业内部能够产生巨大凝聚力。在最直接的生产活动中使个体力量转化为整体力量。这正是企业利益价值观在调动职工积极性方面的作用。改革开放以来，我们正是在解决经营机制转换的过程中注意到了企业利益在推动企业发展和调动劳动者积极性方面的重要作用，始终把它置于一个重要位置。但是，现实生活中还或多或少存在以下两个障碍：①要求在社会化生产过程中冲淡市场经济的意识，使企业与企业之间在利益上平均化。②要求在社会经济生活中冲淡企业利益的意识，使国家机关、事业单位与企业在利益上平均化。

企业内部群体凝聚力受多方面因素的影响，企业利益能否得到实现，则是其中一个重要因素。而企业利益能否实现，除上述需要改善企业外部环境之外，增强职工的企业意识即集体主义观念同样是不可缺少的。为此，当前应做好两项工作：①在政治思想工作中加强企业意识的教育，使职工懂得在生产社会化的商品经济条件下竞争是以企业为主体进行的，个人的才智只有融入集体之中，才能真正起到作用。因此，在集体利益与个人利益发生矛盾时，个人应该服从集体，这不仅是社会主义集体主义应有之义，也是我们中华民族传统文化之精髓。②职工的企业意识即整体利益观念的增强，还要靠改善企业内部的管理，其中尤其应注意的是要建立公正评价与对待职工的系统，努力克服在管理制度面前因人而异，而在分配方面贡献大小一个样的现象。评价、对待职工公正与否，是影响职工心理和积极性的重要因素。有人认为现在职工有钱就干，无钱不干，这种看法是不对的，也是不符合实际情况的。要知道，劳动者的人格是他作为社会人最希望得

企业改革的演进与逻辑

到的,而人格的实现有多种形式,企业内部的公正是职工所企盼的。一个在管理方面失去公正的企业,劳动者对它的信任感和职工的积极性就会减弱以至丧失,企业文化的价值导向就会偏离正确轨道。

第三,在价值导向上,要充分尊重职工的个人利益。

在注意企业文化价值的理想性的同时,还要充分注意它的现实性。劳动者一求生存,二求温饱,三求发展,均为其客观需要,从价值方面看就是个人利益。目前一些企业职工积极性之所以还没有充分调动起来,除了上述两个层次的价值导向存在问题之外,在职工个人的价值导向上也存在着两个异向同质的问题:①过分强调对职工高层次价值观内容的导向,忽略了高层次价值观念与低层次价值观念之间的联系。例如,有的企业领导者只要求职工无私奉献,而忽视其个人在物质文化生活方面的需要。②过分强调职工在物质利益方面需要,而忽略尊重职工物质利益作为调动积极性的一种手段与其他需要之间的联系。职工从事的各种劳动,只有在其才能和潜力得到发挥,个人价值得以实现和承认之时,他才感到劳动是愉快的。这是物质利益不能替代的。因此,企业领导者一方面要注意精神方面的需要,例如,善于在用人方面避其所短、用其所长中为他们在企业内发挥作用创造条件,使他们在劳动中感到自己的价值并非微不足道,而是能够为企业、为社会做出贡献的,自己是社会所需要的。再例如,当企业领导利用物质手段调动职工积极性时,必须有一系列措施保证物质待遇与职工个人创造的物质财富相联系,使职工的"个人价值"能够在物质待遇中得到实现。否则,如果搞平均主义,职工看不到自己的"个人价值",心理动力就会发生反向作用,丧失对企业的向心力和对社会的责任感。

综上所述,市场经济中企业文化价值观体系是理想性与现实性高度和谐的统一。这种体系不仅仅是价值观一般的本质规定,也是价值观在市场经济特殊条件下的客观要求。价值观体系的科学与否,直接关系着价值导向,从而关系着企业在市场经济中的存在与发展,同时也关系着社会主义企业内劳动者的素质。无疑,科学价值观体系的研究与建立,其意义是重大的,特别在当前市场经济建立的伟大变革中,科学价值观体系的研究与建立,其意义则显得更重要。

(本文发表于《天津商学院高教研究》1994年第2期,作者周泽信)

传统商贸企业在新环境里的业态选择

一、遭遇变革

我国商贸企业面对的竞争对手有着丰富的国际市场竞争经验。一些跨国公司在确立市场调查研究、市场分析定位、行业结构进入分析、经营战略选择、运用国际市场商务活动法律等方面明显比我们成熟,他们有着很强的资本及资本运作实力。不仅在企业自有资本、企业集资能力、国际银企关系方面富有实力,重要的是他们在资本输出的运作方面有着丰富的经验和调整投资结构的判断力;在将资本与产业发展融合能力方面明显地高于我们。这是他们在残酷的市场竞争中规避风险、取得发展经验的积累,绝非朝夕能取得。他们有着很好的技术开发和技术运作的能力,在物流配送体系、信息系统支持、稳定而守信的供应商、销售商体系方面的技术设备、技术转移都优于我们,而且熟悉技术在市场中的商业运作及知识产权保护。

同时,我们也面对一场新的技术革命,这就是由网络技术引发的电子商务。电子商务发展到今天,人们已提出了包括通过网络来实现从原材料的查询、采购、产品的展示、定购到储运,以及电子支付等一系列贸易活动在内的完整的电子商务概念。制造商或经销商可以借助电子商务及时有效地传递市场供求信息,了解并按客户的真正需求生产和销售产品,满足客户的个性化需求,并且能开展极为有效的售后服务。由于流通环节的减少,销售费用的降低,客户不仅可以得到个性化需求的极大满足,而且可以获得很大的让利。目前,电子商务的主要形式大致为:网上直销、网上竞价拍卖、在线销售等。在今后的一二十年里,电子商务必将逐步成为人们经济生活的一部分。这无疑会带动我国商品流通体制极大的变革,对夹缝中求生存的国有批发行业形成新的冲击。

二、选择方向

加快向"专业配送中心"、"地区配送中心"业态发展。目前,我国工业体系发展不平衡。中小企业颇具实力,仍占据着一部分市场。但规模小、分布零星、资金实力不足,不可能自己分出精力建立供销网络,仍需中间商;而进来的国外大公司无暇顾及中下层、零星市场。正是此种市场禀赋资源为我们批发业提供了获取发展的自然空间。

加快向"品牌代理商"业态发展。品牌代理,是批发业发展中的一类业态。目前我国某些国有品牌已经在国内市场中形成了一定的实力,如家电、电脑、服装、洗涤化妆品等。它们近些年曾依托国有批发业获得发展,自然存在着"民族情结",何况这些行业、厂家在历史上就有自然关系。加快与它们结成伙伴关系,共担风险是可取的。

加快向"仓储式超级市场"业态发展。业态发展规律告诉我们,批发失去了与零售共存,单独存在效益不高。批发兼零售,将现有批发业态转换成批零兼有的业态——仓储式超级市场是我国批发业最经济有效的选择。仓储式超级市场以零售商场经营形式出现,实现以小批量批发供应为主。在这个业态上我国传统批发业禀赋资源独具,完全可以利用现有的城郊接合部仓储场地就地转型。经验已经证明,稍有精明意识的批发企业已经在这个转型中站稳脚跟并开始发展了。

适时地将"网站"资源与自身传统禀赋资源结合。虽然目前在商品配置体系,银行、企业、消费者三者之间的结算体系、信用关系等方面仍存在有待完善的内容,但是电子商务在节约商家采购费用、节省营业面积、节约人力资本投入、迅速得到信息、节约交易费用等方面无疑是具有任何一个历史阶段内的业态所无法相比的优势。

(本文发表于《中国商贸》2001年第9期,作者周泽信)

下 篇
商务管理的思考

企业商业模式及其运行机制的探讨

近些年,商务模式已经逐渐进入我们的视野,人们开始予以关注。商业模式、商务模式创新从本质上说是企业的管理创新,实践证明此类创新在某种意义上说比技术创新成效来得更快。例如我们所知道的仅仅有 20 余年,与联想公司同时起步的美国戴尔公司,其本身并不掌握着核心的技术优势,但它却独具慧眼在纵向价值链的整合创新中获得了全新的竞争优势。它创造了一类商务方式,利用互联网将价值链上的优秀环节所独具的个别优势整合成了戴尔公司的优势,实现了在新的方式指导下的低成本、差异化的竞争优势。给了人们新的启迪,应该说这是商业模式创新。戴尔公司及其他个案的实践告诉我们,此类资源的整合,将个别资源的优势进行互补,创造一个新的竞争优势的后面,存在着一种资源与资源的结构关系,例如上游企业资源、下游企业资源、主体企业资源、其他环境资源(如公共技术产品、金融产品、中介组织等)都会在当今新的竞争态势下,在寻找新的伙伴、结成某种网络过程中形成一种能够保证盈利的结构、结构关系。而这个结构关系是什么?这个结构导致的运行机制是什么?怎么就能影响到盈利和持久盈利?这些正是本文所想要探讨的。

一、商业模式的含义

所谓模式,是指某个事物在其发展过程中,在一定价值观和理念指导下形成的,能够与环境相适应而重复使用和被实践证明是有效运行的某种状态。它的形成意味着相对于客观环境,已经达到一个能够稳定运行和重复使用的状态;意味着这个事物的组成部分有着内在联系,这个内在联系(可以理解为由性质决定的规律)把各组成部分有机地结合形成具有某种特定功能的结构。显然,谈到模式就离不开结构,离不开对商业模式的结构分析,否则,就看不到它作为模式运作的机制,失去一个正确方法指导下对模式含义的揭示。凡形成模式或称为模式的具有三个主要特点:①凡是能构成一个特定整体的事物,其构成要素是特定的,它们之间有着某种内在的联系,没有内在联系的要素是构不成一个整体的。②结构整体中，要素与要素之间所形成的联系，是通过单元之间和层次之间的特定关系实现的，这种形式的联系是有序的、有规则的。③结构的整体是与外部环境发生联系的，当外部环境（结构外系统）结构发生变动时，必然会影响结构整体中要素联系、联系形式的变动。只有满足了以上三点才可称其为模式。商业模式也不例外。

显然，依上述分析确定了模式的含义的话，所谓商业模式，可以定义为是指企业在现实的竞争中，为保证持久盈利所选择的由特定要素及其内在联系所形成的结构及其功能引出的商业可以重复使用的运作方式。依据这个概念含义，其内容可以分成以下三点：①企业在其追求盈利过程中，经过长期实践、探索和反复学习，确立的内部要素资源直接与外部要素资源相联系的某种具有实用的状态。这种状态已经相对稳定，并能够在其运行中反复使用和复制。②由于外部竞争环境不断地变化，所谓实用状态也是相对而言的。商业模式不是僵化的，即内部要素资源之间及外部要素资源的联系方式，是与时俱进的。没有变化的商业模式，在竞争的动态中会失去使用价值。③既然称为模式，还有一点要注意，即不同模式所显示的个性中，蕴含着一般共性的东西。无论要素与要素之间联系方式如何变化，不能离开决定其能否实现和如何实现联系的本质，即它们的内在联系是不变的。

企业在市场中面对的是现实的竞争，而在竞争中如何能保持持久盈利，领导者离不开对战略进行思考，一般集中在以下两点：①企业与竞争对手的较量，总要以差异式、集聚式战略为指导，寻找自己独特的竞争能力和手段；或以低成本扩张战略为指导寻找自己独特的能力和手段。而独特的能力和手段都是建立在某种特定的要素与要素的联系方式之上的，即是建立在某种结构和模式基础之上的。例如在争夺资源方面，如果是在规模竞争背景内，企业必须集中内部某种优势资源或资金或生产能力等，与供应商建立某种稳定的，相互依赖的供应关系。"企业联盟"就是可以选择的一种模式。河南新飞公司与美国通用电气（GE）建立的联盟就是一个很好的例子。两者的互补性很大，新飞冰箱可以通过 GE 销售渠道进入美国市场，而 GE 家电产品通过新飞的渠道进入中国市场。②企业在与竞争对手的较量中，深知原有的独特能力和手段，不会是持之以恒的，必须有变化。而如何变化？一是继续完善和扩张，二是选择和建立新的。而这种能够退出和完善自己优势的能力，是建立在企业运营机制基础之上的。例如，日本夏普公司之所以能够将液晶显示技术，从一个产品的开发模式扩张到另一个产品的开发模式，并能取得成功，背后是它能将内部研发机构、首席科学家、工程师与投资者、内部部门、市场中顾客等的联系方式建立在一个有效的结构模式内。这种能力是由其内部高效的组织结构和完善的组织制度决定的。

总之，商业模式就是商业模式，它有自身特定的要素和结构，它有形成和推动这种特定结构的内在机制。在机制作用范围内，它可以被重复使用。从某种意义上说，它是企业在确定了的战略指导下，构建自己的某种独特能力和独特手段的商务运作方式。一个运行中的企业在寻求自己的独特能力和手段时，对自己的商务模式不能没有一个清醒的认识。只有如此，你才可能知道自己为什么会是一个能够独立存在的企业。

二、商业模式的运行机制

1. 基本要素

商业模式的基本方式要素应该有三个：主体企业、上游的供应商、下游的顾客。主体企业是模式中的主干要素，供应商、顾客是与之发生紧密联系的形成商务模式必不可少的要素。有了这三者可以保证一个相对稳定的结构存在，至于其他一些与之相关的某些要素可以归入三个基本要素之中。比如投资者，或者说由投资者构成的董事会，本就是主体企业内部的要素。

（1）主体企业。在商业模式结构中，主体企业是核心要素，它关系着与供应商、与顾客在模式中的关系，关系着模式的稳定和变化与发展。主体企业在商业模式结构中表现为两种能力。

一是不断调整内部资源，重新组合新的业务单元的能力，以应付变化着的环境。以日本电器行业为例，2000年著名的索尼、东芝、日立、松下等公司经营不利，而夏普公司却独占鳌头，成为唯一一家盈利的公司。原因在于它调整了资源，集中于一个新的业务单元——液晶显示。以此为核心技术作为持续盈利的突破口。到2000年夏普在液晶技术专利中占到75%，凡涉及液晶方面的生产都要购买夏普的专利。当将战略模式扩展为液晶规模生产后，成本降下来，价格降下来，商业化实现了。

二是审时度势调整资源，得时得利地放弃旧的业务单元的能力，以应付变化着的环境。例如，2000年，当中国国内生产商投资生产移动电话，市场趋于过剩之时，诺基亚中国公司避其锋芒，不参与过度的竞争，将生产单元果断丢弃，调整资源集中于新型移动电话研究、设计。这种盈利模式的变更，为它参与下一轮的竞争争取到了时间和可能的机会。这就是模式选择、模式变更的能力，它的驱动之源在于商业模式中的主体企业。

创造新的盈利模式的关键在于主体企业的精明的投资者（董事会）、优秀的CEO和优秀的员工。是他们凭借知识与经验，在互相结合、互相影响的架构中，寻找与把握盈利机会，通俗地说就是能够把握住新的盈利增长点。

显然，主体企业内的根本要素在于人，在于人的能动性能够将主体企业与供

企业改革的演进与逻辑

应商、顾客的关系建立在一个运行良好的框架和模式内。优秀企业一概如此。台湾宏碁电脑创始人施振荣,通过革新分配制度,将财富相对均衡地分配给优秀员工,极大地调动了员工的积极性,从而也催生了一个个新的业务单元,创造了一个个核心能力,找到了一个个新的盈利增长点,持续地保持着独特的优势;同样,美国 GE 的韦尔奇以自己的智慧敏感地察觉到改变组织中权力分布结构的人文意义,充分信任和理解优秀员工,将其置于重要岗位、授予重权。在新权力结构面前,组织中岗位的层级隔膜消失了,人与人的关系亲和了,指挥链理性化,更加客观公正,从而催生了优秀员工的智慧,在模式选择,创新方面展现了他们的能力。

总之,主体企业在商业模式结构中处于核心位置,它的要素(投资者、CEO、员工)能够清楚地知道什么使得与竞争者不同,能动而自觉地为盈利不断探索商业模式。

(2)供应商。在商业模式的结构中,另一个要素则是主体企业的供应商。主体企业在其运营中必然要与上游的供应商结成重要的对应关系,正是这种对应关系,确保了主体企业的正常运行。这种对应关系,包含了在竞争中互相包容的意义,因此我们可以说对于主体企业来说,"供应商价值"这个概念是客观存在的。

在商业模式中,主体企业对于供应商来说,其意义在于两者是相容的,供应商对于主体企业来说其价值应该是"可供选择的合作伙伴",是"同一个战壕的"关系。价值内容包含:①是否是有持久竞争力的伙伴。②是否是有信誉的伙伴。③是否是有着能与主体企业对接的自身传统和文化内涵的伙伴。总之,是否是一个对于主体企业运营有价值的合作伙伴。同时对于供应商来说存在着主体企业是否是值得结成伙伴的价值关系,价值内容互为一致。一俟两者的价值取向在竞争环境中趋于一致时,商业模式中两者的结构关系就稳定下来。在现代企业的运作中这种关系的选择和确定(合作、合伙、联盟等),是确定商业模式的一个非常重要的方面。主体企业与供应商在运营中保持价值取向的均衡,不断调整与完善伙伴关系,是确立商业模式的一个重要目的。

主体企业在选择供应商时,存在着预期目标价值和感知目标价值的差距,因此在选择供应商伙伴时要注意:①主体企业要依供应商核心优势确立与供应商的关系。如上海汽车工业公司,在选择钢板供应商中,注意到了"宝钢"的低价位高服务的优势,选择其产品供应低端轿车用钢板。而同时又注意到了日本、德国公司高质量的优势,选择其产品供应高端轿车用钢板。②主体企业要以供应商的竞争力、信誉等确立不同的合作方式。如著名的体育厂商"耐克"公司,将传统的生产单元从主体企业中剥离出去,选择市场中有竞争力、有信誉的生产厂家，以合作的契约关系供应其产品，保证了主体企业优质低价的优势。③主体企业要依据供应商应变能力的高低确立伙伴关系。如我国广东的微波炉制造商"格兰仕集团"，当它还不能以自己的品牌接受国外订单生产时，毅然灵活地、现实地选择"OEM"作为 GE 公司、松下公司的供应商。世界著名的客机制造商"波音公司"，与我国上海飞机制造公司、西安飞机制造公司所结成的伙伴关系，与上例同理。

供应商是商业模式中一个重要要素，它与主体所结成的关系方式决定了相互之间的交易成本，也决定了供求关系能否稳定。是主体企业商业模式选择中一个重要方面。这个关系体现了商业模式中的供应商价值，同时决定了主体企业为顾客所提供的产品和服务是否有顾客价值、是否增加了顾客价值。

（3）顾客。在商业模式的结构中，还有一个要素则是主体企业产品与服务的用户——顾客。主体企业以及与供应商结成伙伴关系必然要与用户发生对应关系，这个关系的意义显得格外重要，它关系着主体企业在竞争中的态势，关系着主体企业能否持续盈利。当然也就关系着主体企业所选择的商业模式是否有价值。

在现代商业模式的结构中，主体企业对于顾客的意义体现为顾客价值，即顾客对主体企业所提供的产品和服务所抱有的预期目标价值和现实中感知价值之间的关系。一句话，就是主体企业所提供的产品和服务，是否满足了顾客的某种需求。

顾客价值包含：①是否能针对顾客需求设计产品和服务。通过对顾客心理需求和偏好的缜密分析研究，针对个性化顾客需求设计和提供定制化的产品和服务；通过对不同层次顾客群、同一层次顾客群中的目标细分后的需求差别的分析研究，提供心理预期目标锁定的产品和服务；依据产品和服务需求发展方向，加大研发投入，提供顾客没有意识到的产品和服务，使其渴望的需求得以实现；在核心产品和服务方面，增加新的成分，为顾客提供独到的价值等。②在所提供顾客价值不变的情况下，是否能降低顾客在心理上的价值损失也是顾客价值的重要内容。顾客在购得产品和服务过程中在空间和时间方面所付出的非货币成本能否降到最低；顾客在购得产品和服务过程中对主体企业的信任及依赖是否得到了最大的提升；主体企业在其产品和服务的提升过程中，是否得到了顾客的协作与决策；等等。

为了稳定模式中的主体企业与顾客的关系，实现顾客价值，主体企业在运行中必须注意：①不同顾客之间的"感知价值"是不同的。因为人与人存在差别，首先是价值观不同，其次如人们受教育程度、阅历背景不同等。②同一顾客在人生不同阶段的"感知价值"不同，而且在购买某种商品和服务之后，别人的评

企业改革的演进与逻辑

价也会导致顾客对"感知价值"进行调整。③不同顾客群心理预期的目标价值不同。如财富自由存在差别的不同阶层中,所谓高层次的顾客会选择与地位相称的"尊严性"消费,其次选择时尚、质量、功能。随层次的降低,人们会将价格、实用作为目标。总之,顾客是一个复杂的要素,主体企业必须向其提供多样性的联系方式,才能保证顾客价值的实现。

顾客价值是主体企业在现实竞争中孜孜追求的,顾客价值与主体企业价值有着内在的必然联系,在商业模式结构中,主体企业与顾客结成的关系的性质与形式,是模式中最重要的结构。

2. 运行机制

模式是可以重复选择和运用的,关键在于企业必须构造适应模式变化的机制。

(1) 主体企业与供应商、顾客交易过程中形成的经营层面的机制。企业竞争说到底是对顾客和资源供应的争夺,一个想要持续获取盈利的企业,都必须在经营层面上不断推进和完善与顾客和供应商的关系,而如何推进和完善,则是主体企业经营中追求的。联系的方式可以变,但必须以要素的性质为依赖和基础。例如,我国著名的服装厂商"雅戈尔公司"总裁李如成先生,他深知为了实现顾客价值的增值,必须做大做强。他将上游服装面料与主干企业的联系模式,将下游与顾客联系的模式,以自己投资的方式将其纳入雅戈尔集团之内。这种模式与现代企业供应链管理相悖。但他认为只是被逼出来的,是被高价的进口面料逼出来的,是被不规范的零售商逼出来的。选择与当代主流模式不符的模式,是由特定背景导致的。不论选择何种模式,关键在于节省资金使用费用、节省外部交易费用、节约储存运输费用。只有节约了费用,才可降低成本,才有竞争力,才能保证顾客价值的实现。此例告诉我们,经营层面模式的选择是与客观的时局相联系的。例如,世界著名计算机商戴尔公司,在经营层面商业模式选择上,大胆地进行了革命,一改传统计算机商家的传统模式,以满足用户个性需求为目标,在与供应商、顾客联系模式方面大胆创新,开创性地利用互联网实现了与顾客交易过程的电子化,快速、大范围地实现了与顾客的联系,保证了顾客价值在新的模式内得到了实现和增值;开创性地依顾客个性化的需求设计与定制,继而将生产委托于IBM、英特尔、惠普。在新的模式内,节约了生产管理的费用,节约了定制生产过程中的交易费用、节约了跨地区沟通联系的费用,从而降低了成本,抢得了时间,保证了顾客价值的实现。此案例告诉我们,经营层面模式的选择,必须建立在要素的经营性质基础之上。

在模式选择过程中值得另提一笔的是电子商务引发的新模式的层出不穷,应该说这是模式变革过程中带有革命意义的新动向。例如"无店铺模式",它是网络零售商在网上将商品直接提供给顾客、节约了顾客购物时间成本,也节约了主干企业中间环节的经营成本,例如:"信息服务模式",它是网络商人利用网站、网页直接为需要信息服务的顾客提供的服务,快速、便捷、收费低廉,赢得了顾客等。以上这些模式,引领了模式变化新潮流,具有很强的生命力。

经营层面上的运行机制,本质都是以不断适应顾客和供应商的价值追求为目标,以结构中客观的环境背景和要素的性质为基础建立和完善的。经营层面上经营机制有效与否,靠的是能否不断推陈出新的主体企业。

(2) 主体企业改善商业模式变革的运行机制。企业间的竞争,即争夺顾客和资源供应的竞争是在动态中进行的。企业的环境条件,外部系统的发展是经常的变量,经营层的商业模式是随环境的变更而变化的,是主体企业结构系统与外部系统互动反应的现象。而推动模式变化发展的是主体企业模式结构中的机制功能完成的。这个机制功能,是商业模式结构中的驱动部分,是核心层部分。在现代企业内,正是由上述"主体企业要素"内的优秀投资者、优秀CEO、优秀员工,在智慧、经验高度结合基础上体现的,是三者结合与联系的功能结构导致的。它保证了盈利方式的吐故纳新,保证了商业模式的推陈出新。例如,上述的台湾宏碁电脑创始人施振荣先生,是他的智慧与经营变革的分配制度,当他作为创业者并非最大的股东时,人格的魅力已经渗透在组织内,感召的权利使优秀员工真诚地团结在他的周围,使组织有了取之不竭的精神源泉,在这个背景下,施振荣作为CEO与其员工的共同应付变化的决策将会更有信心,模式的推陈出新将会符合时局、有效。而盈利以及持久的盈利又会招致更多的投资者与他们结合。保证了宏碁基事业的青春常在。显然,商业模式的核心结构应在于此。

总而言之,经营性机制以其拥有的资源(核心优势、能力、关系和知识),及其经营关系(供应商与主体企业、主体企业与顾客)创造了商业模式中有效的经营方式,而经营方式作为一类模式在变化的环境中又必须推陈出新,关键即在于能否不断倾心于构造结构性的运行机制了。经营机制和适应环境变革机制,此时,是以第二层次机制模式为基础和驱动之源的。二者的统一,构成我们视野中的商业模式。

三、商务模式的案例

埃森哲公司经理王波总结出了以下几类模式,值得我们思考。

第一,通过量的增长扩展现有商务模式。美国专营B2B业务的W. W. Grainger公司,向全球超过100万家工商企业、承包商和机构客户供货,其产品从设备、零部件到办公用具和日常劳保用品,一应俱全。该公司一直尝试通过多种途径,使客户订货非常容易。这些途径包括设在各地的分支机构、电

企业改革的演进与逻辑

话、传真、印刷目录等，现在再加上网上订货，就更强化了其以方便顾客为价值诉求的商业模式。在原有商业模式的基础上将业务引向新的地域、增加客户数量、调整价格、增加产品线和服务种类等。这些都属于通过量的改变，在原有商业模式基础上增加回报。

第二，更新已有商业模式的独特性。这种途径注重更新的是企业向客户提供的价值，借以抵抗价格战带来的竞争压力。以全球领先的半导体测试设备供应商美国 Teradyne 公司为例，它以创新产品赢得客户，但盈利却来自源源不断的产品升级和周到细致的服务。它向客户提供的价值自然就从尖端产品转移到了值得信赖的服务上。为了给它的商业模式注入活力，Teradyne 公司定期向市场推出突破性产品，以此提高企业竞争门槛。

第三，在新领域复制成功模式。有些情况下，企业用现成手法向新市场推出新产品，等于在新条件下复制自己的商业模式。美国的 Aurora 和 Gap 即是这样的企业。从某种意义上说，Aurora Foods 是一个打造食品行业品牌的平台。该公司旗下有 9 个品牌，但没有一个打 Aurora 牌子的。公司管理层很乐于购买市场表现不尽如人意的品牌，如 Aunt Jemima 华夫饼和 Lender's 百吉饼等，然后利用公司强有力的品牌营销能力和降低成本的运营能力，给这些品牌注入新的生命力。Gap 也是利用品牌营销优势和商品管理知识，复制全新的"酷品牌"零售模式，如旗下的 BabyGap、Banana Republic、Old Navy Clothing 等。

第四，通过兼并增加新模式。相当多的公司是通过购买或出售业务来重新为自己的商业模式定位的，Seagram 公司便是个很有趣的例子。它本来是家生产葡萄酒和烈性酒的公司，通过兼并变成了提供娱乐服务的公司。在这以后，它又被法国 Vivendi Universal 公司收购。后者显然是想利用自己的移动电话、付费电视和门户网站业务向消费者提供前者的内容服务。到了 2001 年 12 月，大概是新东家不胜"酒力"，事情起了变化。Vivendi Universal 将 Seagram 的葡萄酒和烈性酒业务分别卖给了另外两家公司。经过几番兼并收购，Seagram 公司当初的商业模式已不复存在。

第五，发掘现有能力，增加新的商业模式。有些公司围绕自身独特的技能、优势和能力建立新的商务模式，以实现增长。加拿大的 Bombardier 公司是靠制作雪地车起家的，它通过分期付款方式向顾客销售雪地车，开始涉足财务服务，进而又开展雪地车租赁业务。与此同时，制造雪地车的经验又使其能够向大规模制造业发展，包括飞机制造等。它再利用其租赁和航空业的经验，面向企业和富裕个人出售部分飞机所有权。就像踩着石头过河，Bombardier 利用它在一个商业模式中发展起来的能力、知识和关系，创造出了一系列成功的商业模式。

第六，根本改变商业模式。这种情况在 IT 业尤为多见。大型跨国公司 IBM、

HP如此，国内公司如联想、神州数码也不例外。它们从卖PC、造PC，到系统集成、电子商务，不断改变着商业模式。此举意味着对整个企业进行改造——从组织、文化、价值和能力诸方面着手，用新的方式创造价值。一些公司的产品逐渐失去了往日的锋芒，变成附加值不高的大宗产品。决策者因而企图向上游或下游延伸，或者从制造业转向提供服务或解决方案，此时它们所面对的调整就是根本再造商业模式。

某家用电器经销商的商业模式见表3-1。

表3-1 商业模式模拟——某家店经销商

供应商价值	顾客价值	经营性商业模式	机制性商业模式	模式目标
1. 规模扩张，获取优秀供应商青睐，结成伙伴关系。 2. 强化品牌扩展知名度，获得优秀供应商信任，结成伙伴关系。 3. 为优秀供应商提供服务强化共生关系。 4. 运用某些策略目标不固定在一个供应商。	1. 以低价格满足中低档顾客群价值。 2. 以新产品的中档价格满足中档顾客群价值。 3. 提供分期付款服务。 4. 对所有层次顾客群提供优质服务。	1. 扩大门店，增设网点，扩大市场覆盖面。 2. 满足顾客群的多种服务价值需求。 3. 推出强化公司形象的积极广告。 4. 直接供货、节约成本、增大物流量、保持低成本。 5. 与供应商结成联盟。	1. 增大调研投入，确保顾客价值的实现和增值。 2. 扩大规模增进效益，维护投资者的信任。 3. 实行连锁经营，保持规模扩张和人员素质的平衡。 4. 内部提拔优秀者，加强激励。 5. 不断完善内部结构，改进管理。	通过规模经营，保持低成本、低价格，不断为顾客创造新的顾客价值。强化经销商地位，保持竞争优势。

模拟案例说明：

第一，经营性商业模式内的结构，结构层次清晰，一个目标紧接着另一个目标，一个环节紧扣另一个环节，发挥资源要素组合效应。不断实现顾客价值和供应商价值。

第二，随着环境的变动、顾客价值的变动，为了实现长期盈利，必须能够把握方向，在结构上做出调整以满足新的顾客价值需求。

综上所述，当企业传统的盈利方式在竞争中不断失利，现代商务、商业模式进入我们视野的今天，对商业模式的关注是有道理的。正如人们对日本卡西欧模式、夏普模式、索尼模式，美国戴尔公司模式、耐克公司模式的关注一样，毕竟它们以其独特的模式个性赢得了竞争实力。这些模式的鲜明个性千姿百态，存在着异质、异方向的结构关系，但是在多样性模式的后面却潜藏着同质、同方向的结构关系。这就是模式结构的核心——体现着顾客价值、供应商价值和股东价值的机制组织结构和组织制度。厘清要素与要素之间的关系，描述出它们的结构和商务运作机制，显然是有着鲜明的指导意义的。

参考文献

［1］周厚健．用精细化恢复利润［J］．南风窗，2001（5）．
［2］王波，彭亚利．何为商务模式［N］．经济观察报，2002-07-01．
［3］吴春波．当今什么规则没变［J］．中外管理，2002（7）．
［4］杨龙，王永贵．顾客价值及其驱动因素分析［J］．管理世界，2002（6）．
［5］迈克尔·波特．竞争优势［M］．北京：华夏出版社，1997．
［6］翁君奕．商务模式创新［M］．北京：经济管理出版社，2004．

（本文载于廖进球等主编《中国商务管理创新研究（2007）》，中国经济出版社，2007年7月第一版，作者周泽信）

论商务与商务管理及其演进的历史逻辑

商务、商务管理在现代企业管理活动中,其地位和作用愈来愈重要,而这种地位和作用,是在近代百年商业发展历史中演进的,呈现了历史的逻辑关系。分析和认识这种历史逻辑,对于我们正确认识并把握当代商务与商务管理理论,从而指导实践,具有重要意义。

一、商务活动的分类及其联系与区别

我们知道,企业内部有两种活动,即管理活动和业务活动,它们都是为了保证企业组织目标得以实现的手段和方式。所谓管理活动,就是管理人员通过他人并同他人一道,运用多种资源去实现组织目标的活动过程。一般情况下,管理人员并不亲自去从事具体的业务活动,而是委托业务人员去做,自己则专注于经营目标的筹划与安排,组织各类资源的配置,激励、指导、评估、检查、控制业务人员的业务活动,从而保证企业组织能够在有序、高效状态下运行,从而实现目标。同时,管理者对所辖范围内的活动业绩负有相应的责任。正是在领导他人努力工作并对他人工作负有责任这一点上,管理就成了独立于业务活动的行为了。所谓业务活动,简言之就是企业的具体活动,即采购、运输、储存、生活、检验、安全、技术、工艺、设备维修、包装、销售、广告、宣传、公共关系等。为了界定商务活动,我在这里提出,业务活动按其性质和方向又可分为两类:一类是依照企业已确定的经营目标,按照计划安排,以一定的设备、工艺、技术,将已有的资源用于并组织现场生产、加工或经营,生产出符合计划目标要求的产品和服务。另一类则不同,是在环境条件难以控制的状态下(如市场供需变化、竞争对手变化、资本市场变化、供应商与客户的变化等),为保证经营目标的实现,与供应商、客户、竞争对手、中介组织、公共组织包括政府有关职能部门进行各类资源的协调与交易,以保证生产活动得以正常进行、组织目标得以实现的活动。对于前者我认为是企业生产活动,而后者我认为就是企业商务活动。

笔者之所以在此将业务活动分为两类,目的在于提醒人们注意:所谓商务、商务管理的含义和外延不是不清晰,不是可以将企业任何业务都纳入商务、商务活动范围之内的。前者,活动是在组织内部各部门、各环节、各岗位利益一致基础上的非货币的交换和联系,不形成"交易",是纯粹意义上的局部与整体间的分工与合作;在管理方面其基本手段、方法是通过规章制度、沟通、协调实现的。而后者,是企业与外部的利益主体在利益对立基础之上的以货币为中介的等价交换关系,是建立在讨价还价基础之上的纯粹的市场交易;在管理方面,其基本手段、方法是通过博弈过程中的策略的灵活运用实现的。两类活动的性质全然不同,管理手段、方法也不同。依此理,我们可以坚信,凡是企业业务活动中有关内含着市场交易和博弈内容的部分,就可以纳入商务、商务活动的范围中来,除此以外,就是生产的业务活动,从而界定了商务、商务活动的内涵和外延。

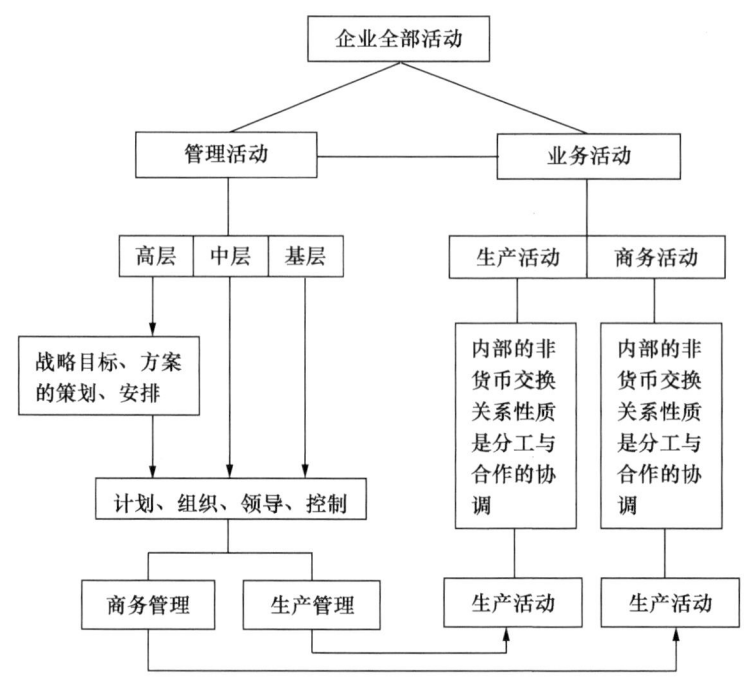

图 3-1　企业全部活动的分类①

---

① 周泽信. 现代企业商务管理教程 [M]. 中国商务出版社, 2005.

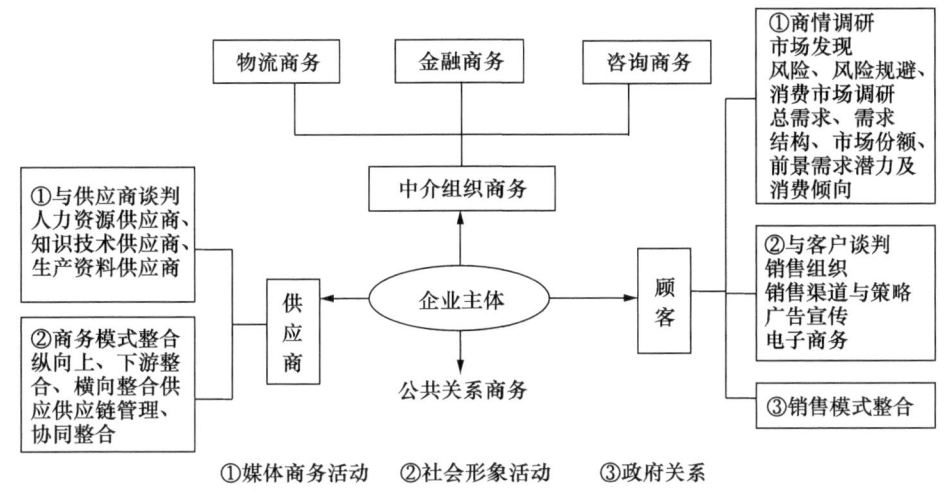

图 3-2 企业商务活动内容

企业生产活动与商务活动既有区别又有联系。区别在于：①性质不同。前者是在组织内部各部门、各环节、各岗位间利益一致基础之上的非货币形式的交换与联系，不形成交易，是纯粹意义上的局部与整体间的分工与合作关系。后者是在企业主体与外部利益主体在利益对立基础之上的，以讨价还价为内容的货币为中介的交换与联系，本质上是利益的博弈，是纯粹意义上的市场交易。②内容不同。前者是将内部已有的资金、设备、技术、工艺、人员依科学方法配置，以取得更高的运作效率。后者是处理与供应商、客户、中介组织、公共组织等之间的利益关系，以获得保证生产活动得以进行的各类资源等。联系在于：控制与管理两类活动的主体均是企业内同一个管理阶层；两类活动均服从于企业战略经营目标，相辅相成。正因为如此，相对于生产活动及其管理，企业对于商务活动的管理，由于其对象、对象活动性质的不同，其管理手段、方法、策略也都相应地不同，因而商务管理作为一类特殊活动，理应被独立出来，作为一个专门的研究对象存在。

应该说，商务、商务管理内在的性质规定了此类活动的含义。所谓商务管理就是企业在与外部市场进行资源交换的交易过程中，依据环境变化条件不断变换策略与方法，降低交易费用，① 为战略目标实现提供保障，确保获取竞争优势的活动过程。一俟商务、商务管理的含义及内容得以界定，商务、商务管理在企业

---

① 交易费用：是指发生在交换价格形成中的费用，维持供应商、客户关系的费用，市场稳定与拓展的费用，广告策划和形象塑造的费用，商务咨询费用，与政府发生的费用等。

企业改革的演进与逻辑

管理中的地位与作用就显而易见了。

二、商务、商务管理演进的历史逻辑

1. 19 世纪末至 20 世纪 40 年代末的初始阶段

19 世纪末至 20 世纪初,由于科学技术和企业组织制度演变,在欧美出现企业组织大型化,导致企业规模化产能要与供应的规模化和销售的规模化相衔接的商务活动。

19 世纪末、20 世纪初世界工业进入了一个崭新时期,规模化的大企业代替了以业主式和合作制为主的各类中小企业,其发展是靠行业内的"纵向发展"和"横向发展"实现的。横向发展是同一行业或领域内制造商通过联营、合并以及托拉斯等,从而获取竞争中的规模优势,如汽车、冶金、石油、橡胶、食品等行业合并成更大规模企业。纵向发展是企业在其发展中通过"前向商务活动"和"后向商务活动"使自己的产业链拉长,导致"内部市场化"。横向发展和纵向发展目的在于取得规模优势,从而在交易中以规模优势控制供应商和销售渠道、降低供应成本和销售成本,并能从银行商务活动中获取更多的优惠待遇。

企业组织向大型的规模化发展,必然导致与供应商、客户、中介组织等的交易关系相应发生社会范围的变化。企业的商务活动需要一个安全、可靠、经济、协调良好的,由供应、销售、通信、运输、金融、保险各类事务所等构成的一个社会系统来支持,而这两个系统的构成和稳定、有效运行,没有别的办法可以选择,企业只能以市场为中心,通过专业化的商务组织和中介组织;通过建立相互承诺的规章制度等处理与外部的协作、合作、竞争等各种关系。到此时现代商务、商务活动伴随着规模化大工业发展应运而生,而保证商务活动健康、有序运行的社会商务系统也开始成熟——企业的现代商务管理出现了。例如,20 世纪 20 年代美国著名汽车制造商福特汽车厂在底特律完成了大规模生产流水线的技术改造,在新的工艺技术支持下实现了生产的规模化、标准化,产能从每年的 6000～10000 台骤升至 15 万～20 万台,实现了 T 型车生产梦想。产能的急剧扩张,必然使原有的各种供应、销售、银行、运输、通信等商务关系的系统发生变化,一个崭新的社会化的商务体系的形成成为必然和可能。如美国在 19 世纪末就已经实现了资本市场的正规化,资本市场的充分发展,为企业规模扩张所需资本提供了新的平台。美国国内交通系统有了新的整合,铁路系统、公路系统、内河、外海航运系统都已网络化、规范化,保证了美国国内统一市场的形成,为企业各类物质的运输、供给提供了一个新的平台。在通信行业,贝尔的无线、有线通信系统也开始形成和完善,为企业之间商务交往提供了更迅速便捷的服务。金融业提供的新产品,如分期付款、汽车信贷、汽车保险,以及因科学管理劳资关系的协调而导致的工人工资的提高、社会购买力的提高等，都为消费市场和供给市场的平衡提供了可能。经销商系统中的零售业同样发生了革命性变化，分布在城乡之中的中小型杂货店正在被大型的集中的百货商店替代，传统批发业也被地区行业总代理、分代理所替代。经销商规模化的变革适应了生产的规模化。

企业商业环境发生变化的特点：①商业环境开始正规化。供应商、客户（经销商）、中介经济组织都已由过去经验型的、分散型的、无计划的经营开始走向有计划的、规模化的与上、下游企业相协调的状态。一个对商务活动进行专业化管理的时代到来了。②商业环境开始法制化。政府在实践中已经逐渐完善了处理各种商业关系的法律体系，《竞争法》、《反垄断法》、《合同法》、《专利法》、《公司法》、《银行法》等在英美等国已经完善，使商业活动在法制约束中得以正常运行，保证了交易的公正和公平。③由于技术、工艺的提升而导致商业环境要素结构和质量也在提升，例如制造商更加注重价格合理、技术含量高的设备供应、零配件供应、新技术的供应等。同时会计公司、审计公司、律师事务所、工程事务所等都相继与企业商务活动相衔接，为企业提供中介服务。总之，20世纪初的数十年，由于企业选择了"内部市场化"①规模扩张的战略，导致企业必须变革传统的商务活动，重新整合与供应商、客户等的关系，以保证新战略的实现。从此，不断变革商务活动以适应战略成了企业组织的必然使命，商务、商务管理在企业管理中的地位日显突出。

2. 20世纪40年代末至70年代末

经过半个世纪的发展和"二战"后的一段时间，大公司规模化低成本竞争在欧美日国家已趋成熟，竞争对手之间已难以继续通过简单的规模化获取竞争优势，必须寻找新的经济增长点，即新的竞争优势。于是在深化规模经济、范围经济优势的同时，开始注意到了差异化竞争优势。一个以差异化竞争战略目标为中心的商务管理时代到来了。

选择差异化竞争优势的可能性出现于20世纪40年代末期。其一，"二战"后，在战争中积累的丰富的科技成果成了投资者关注的商业机会，纷纷将其向商业化转化。新材料、新装备、新工艺、新技术、新的工业产品不断涌现，新的竞争优势通过新产品、新功能等差异化的优势随之出现。如晶体管技术、电子产品微型化、喷气式客机、技术含量更高的汽车、视频技术导致的新的录音机和摄像产品等层出不穷。谁掌握新技术谁就有可能通过差异化产品优势占领市场，扩大

---

① Peter Buckley, Mark Casson, The Future of the Multinational Enterprise, 1976, p. 128. 所谓内部市场化论是指导致企业规模扩张不仅仅是由于最终产品市场的不完全性，更重要的原因是中间产品市场存在不完全竞争，导致企业市场交易成本增加。企业在让渡其中间产品时，难以保证自身权益，也降低了通过外部市场优化配置资源的效率，公司为保证利益最大化，将其原本是外部的活动内部化。

企业改革的演进与逻辑

市场占有率，从而在交易中占据主动。其二，"二战"后日本的工业，在借鉴了美国大公司规模生产经验基础之上，不但在规模方面取得了低成本，而且将精力集中于产品生产中的精益化，将生产现场管理发挥到了极致，创造了规模优势之中的新的成本优势，即以质量为中心的"性价比"优势。所谓的"零库存管理"、"全面质量管理"、"准时制管理"、"看板管理"等提高了相同产品内的质量价值。由于在"性价比"方面占尽优势，从而赢得了与供应商和客户交易中的另类主动。其三，正因为大量新产品不断涌入市场，消费、消费结构出现了明显的层次化、个性化的现象。正如科特勒所说："推销时代进入营销时代应该是在20世纪50年代末60年代初，此时企业产品更新更快、不断推出有新的竞争力的产品，而消费也变得更加复杂。"① 最典型的如福特公司T型车走下历史舞台，通用公司以个性化色彩丰富的新型流线汽车占据优势，日本卡西欧公司、索尼公司等不断推出新的音像电子产品等。一个以市场细分、顾客群体细分、选择目标市场的差异化营销管理的出现，为差异化战略提供了保障。

正因如此，这个阶段的商务活动有了新的特点：①企业在提高"产品性价比"优势的活动中，以高质量、高性能、低价格的市场优势确定了与供应商、客户在交易中的主动地位，从而降低了交易成本。依此循环，市场占有份额不断扩大。销售额的增加，内部产量规模化随之增大，从而在另一个层面上加强了自身在讨价还价中的地位。②采购与销售等商务活动在管理中的地位愈加重要，在某种意义上已经开始超过了生产现场的管理，作为供应链上一个重要环节的地位开始确立。为确保物流费用的降低，物流开始从企业中剥离出去，专业化"第三方物流"开始到来。③为适应消费的层次化、个性化，零售业业态开始多样化。连锁化的大型超级市场、连锁化的会员制的仓储市场、连锁的快餐店等导致了零售业巨头的出现，如美国的凯尔马特、沃尔马特、麦当劳、法国的家乐福等等。专业化的批发商也涌现出来，如电器专营商、汽车专营商、药品专营商、仪器设备专营商、农机械专营商；而传统的百货商店开始向精品化、高端化方向转移，更加注重满足高层次顾客需求，从而保持自己的生存，发展；加盟连锁的社区便民店也遍地开花；品牌专卖店也受到了特定消费群的青睐。

总之，"二战"后的这个阶段，由于科技迅猛发展，竞争日趋激烈，导致企业内部经营环境不确定性大大增加，企业不仅仍然依靠规模，同时也关注着产品更新和内部生产精益化，以"性价比"的差异化优势争夺市场。如何应对这个变化，商务、商务管理也在供应、物流、销售多环节上积极应对，以继续保持商务优势，适应战略的变化。

---

① 菲利普·科特勒. 市场营销学（中译本第8版）[M]. 梅汝和译. 上海人民出版社，1997.

3. 20世纪70年代末至90年代中期

20世纪70年代末至90年代中期，由于个人计算机的出现和计算机的网络化，与此同时移动通信技术、生物技术、航天技术、纳米技术的产业化，导致新产品、新服务层出不穷。为应对由此导致的市场变化的复杂性和不确定性，企业除了研发环节提高已有资源向新产品、新服务转化之外，更加关注和改进企业在市场交易方面的作用力，即商务能力。70年代末至90年代中期，美国在经历了长时间的滞胀后，意识到"大公司病"导致企业应对市场变化的能力降低，组织结构只有进行变革，才能适应环境变革的不确定性。于是公司事业部制的结构受到了重视，开始提倡扁平化组织结构，强化部门决策的作用，商务决策的权力下移至大公司的事业部，以强化对市场的反应速度。此其一。其二，与此同时，为了应对愈加个性化的消费，克服批量生产的生产周期长、品种单一、品种转化的经营现状，逐步以技术、工艺、设备变革为导向，生产线改变成岛式、环式，简约生产流程，将原有生产线向柔性化、通用化变革，有能力快速调节产品结构，适应市场需求变化。在新技术推动下，这场变革取得了明显的业绩。其三，"硅谷经验"又使人们到了以高度专业化分工形成的高科技的产业集群同样具有竞争优势。这就是我们知道的以流程再造为中心的供应链管理的伟大实践。① 从90年代中期开始，美国经济重新焕发活力，以微软公司、IE公司、德州仪器、思科公司等大公司以及以纳斯达克指数为指引的一大批小公司为首，使美国经济重现光彩。这就是克林顿曾说的美国的新经济。

在这场十余年悄悄的变革中，表面看来是新技术的推动，但是企业组织制度、商务管理的创新和变革起到了至关重要的作用。表现为：①资本市场一个新的行业，即风险投资市场的规范、完善，在产品创新这个重要层面推动了此次产业变革，试想如果没有风险投资商敢于承担新兴技术难以确定的风险，一批有希望的中小技术成果是难以转化为商业成果的。中小新兴技术制造商与风险投资商供应链上新的商务方面的整合，极大地推动了产业结构的变革，推动了新技术的商业化，"硅谷经验"一个高科技中小企业产业集群的制度为此提供了有力的佐证。②在供应链中居于上、中、下游的各个行业的企业，已经强烈意识到必须重新整合已有资源，变革旧的供应链系统，创造整合新的供应、生产制造、销售系统，才能保证交易成本不断降低和运作效率的提高，于是第三方物流商不断壮大，如联邦快递、联邦包裹等物流商，凭借它们多年积累的经营经验和学习成果，在新技术，如互联网、移动无线通信技术等推动下，具有了更强的整合制造商、供应商、销售商的能力，为客户提供更快捷、更有效、价格更低的全新的物

---

① 詹姆斯·钱皮. 企业X再造 [M]. 中信出版社，2002.

流服务，从而促进了资源的整合和供应链的变革。③零售商也在激烈竞争的压力下，加快了变革和创新。如戴尔公司在 80 年代末期，看准了时机，果断地一改传统的组织模式，将原本属于组织内部的制造环节推向外部，而自己集中精力于满足个性化需求的订单交易，与上游优秀制造商订购元器件，自行组装个性化产品，以互联网、移动通信、新技术为平台，快速满足顾客需求。它使我们看到，戴尔是以社会中最优资源整合为目标，在一个新的空间内将上（供应）、中（制造）、下（零售）排列的供应链，以一个新的组织形式在传统供应链上进行了一次新的整合，从而成为一个历史上从未有过的全新的组织形式。与此同时，我们还可以看到，微软公司与 IBM、康柏等硬件制造商在"软硬结合"的创意下，实现了销售方式的又一类别的创新——捆绑式销售。所有这些变革的典范就是我们所看到的在 20 世纪 90 年代初、中时期的以流程再造为中心的供应链管理的变革，而这种变革正是从商务、商务管理在组织制度方面的创新实现的。

总之，20 世纪 90 年代出现的以流程再造为中心的供应链管理的实践，正是从企业商务、商务管理创新实践开始的。它将商务、商务管理发展的历史推入到了一个崭新的阶段。这个阶段就是："企业竞争能力的提高已经不能局限于已有的资源数量和质量与外部变化环境条件的协调能力，而应该将精力集中于已有资源（包括组织战略、企业文化和组织结构）的协调配置方面，特别注意内部业务流程与外部资源的整合方面。"① 以"优化供应链"为内容的整合企业内外资源的商务、商务管理时代到来了。尽管如此，资源整合中的利益对立依然存在，博弈仍然是绝对的，交易仍然是纯粹的交易，只不过是形式、方法变化了而已。

4. 20 世纪 90 年代中期至 21 世纪初的当代

以业务流程再造为中心的供应链管理实践表明，企业依然需要在重组、兼并、联合的商务活动中进行接触与谈判。时间长了，自然会意识到长时间在谈判桌上的协商、对弈，不仅消耗精力，增加交易成本，也贻误了时机，"囚徒困境"博弈的格局就会自然出现。而在谈判桌上做些让步、多为对方设想一些事情，"囚徒困境"就会消失，何乐而不为？于是传统的以对立为内容的博弈悄悄发生了变化，一个以协调、合作而"助人为乐"为理念的商务管理，即企业内外资源协同整合的商务管理时代似乎已经到来。

"为顾客增加价值"的理念开始改变着传统企业的价值追求，同时也为"协同整合"创造了一个新的文化的价值前提。我认为选择这个明智理念的原因在于：①在技术快速发展，"信息爆炸"的今天，一个独立的企业是难以将多项先进技术完整容纳在一个产品和服务之中，从而确立自己的产品的竞争优势的。所

---

① 曾玉萍. 动态系统视角下的多元化企业竞争力 [J]. 新华文摘，2005（3）：127.

谓核心竞争力，原本意义仍然是"有差异的竞争力"，不仅包括技术的，也包括组织的、市场的、文化的多项能力，这种差异化的能力如何转化为市场竞争力，竞争的实践告知它们，只有与上游、下游企业，也包括与自己的竞争对手采取合作的"合而为一"的协同整合，即为他人增加价值的商务管理的手段和方式，才能将个别的"差异化竞争力"转化为具有市场优势的竞争力，从而共享竞争优势。如索尼数码相机，其光学镜头是德国蔡司的、高智能芯片是美国英特尔公司的、某些辅件是由中国制造和组装完成的；联想笔记本电脑，处理器是 IBM的、硬盘是东芝的、显示屏是韩国三星造、声卡是新加坡造、软件是微软公司的。②由于按照人们需求方向推出的新产品的速度加快，就连"摩尔定律"也难以确定市场变化的速度了。正是消费变化、个性化消费变化速度的加快导致生产订单变更速度的加快，因此必须构建智能化、柔性化的生产系统，以适应变化着的需求，必然要求企业改变与上、下游企业之间传统的商务关系，加强协作，加强协调，合作变得更加重要，当然，"为顾客增加价值"成为理念，也就是必然的选择了。这个一反传统在理念方面的理性选择，为全球范围内企业间资源的"协同整合"创造了一个价值前提。

协同整合时代的商务、商务管理出现了以下新的态势。

（1）商务、商务管理活动的速度、频率大大加快了。20 世纪末，由于无线网络技术、软件技术、数字化技术的发展导致了资源的整合，包括企业核心竞争力资源得以在更大范围内快速选择合作对象整合成新的竞争力资源。这就是我们所说和所看到的"经济的全球化"。

（2）商务、商务管理活动中出现了新的积极的要素。以企业自身核心竞争资源与其他相关资源协同整合，从而创造新的竞争优势的这种结构，是在全球范围内的选择、合作和协同，空间跨度大、时间长，费用也高，必须在其中出现新的活跃的积极要素才能保证这个新结构的优势。人们看到了一个全新、高效、经济、安全的物流系统在无线网络连接技术基础上出现在当代的商务活动之中，它成了协同整合商务活动系统中不可缺少的一个要素。企业与专业化的速递物流、超大规模专业物流商的合作使得资源在全球范围内的协同整合得以实现。正是这个新要素的出现深刻改变和影响了当代商务、商务管理活动。

（3）商务、商务管理活动中出现了新的交易系统。传统的商务交易活动是在面对面的现场的交易活动中完成的，如今是虚拟化的了。企业在原有交易系统之上，开始向虚拟的"网上交易系统"发展，同时与"网上交易系统"配套的包括信用系统、结算系统、配置系统、信息系统、物流系统等。"网上交易系统"正在深层次层面上快速地改变着传统的商务、商务管理活动。

总之，我们所处的当代，商务、商务管理正在由传统的以对立为内容的博弈向着以合作为内容的博弈转化；一个以"增加顾客价值"为理念的商务、商务管理正在借着高科技平台改变着传统的商务、商务管理，深刻地影响着当代及未来企业的商务、商务管理。

百年商务活动的演绎告诉我们，商务、商务管理活动是企业的具体业务，是在特定的由历史决定的环境条件内活动的，其活动受具体环境条件影响与制约，因此特定阶段所表现的组织、策略、方法是有差异的。但是，这种差别仍然会寓于"不断变更资源配置方式以降低交易费用"的特性之中。这就是商务、商务管理的历史逻辑。

必须指出的是：

（1）商务、商务管理活动的含义和外延不是模糊不清的。由其活动性质规定的含义，界定了它的内容体系。商务活动含义与内容的界定，对于我们深化企业管理中的商务管理地位与作用的认识显然是有意义的。

（2）从19世纪末历经一个多世纪，商务、商务管理活动发展至今是沿着一个历史逻辑演变的，即企业在竞争的环境内，为了取得持续的竞争优势，不得不在环境变革压力下，不断变革商务管理的组织、策略、方式、方法，以保持交易中的低成本，从而为产品、服务确立市场优势，为战略目标的实现提供保障。商务管理的未来，仍然离不开这个历史逻辑。与此同时，在长期丰富实践中，人们已经为商务、商务管理的未来奠定了一个良好的制度基础，① 并在历史演进中逐步确立了商务、商务管理活动在企业管理历史中的地位。

（3）商务管理演进的历史告知我们，我国作为新兴发展中国家，其企业构造商务、商务管理的能力远比获得资产和资源困难。企业竞争力的资产和资源部分可以通过市场获得，而将内部各种资源如何在供应链上进行新的整合，取得持续不断的商务运作能力是买不来的，只能依赖企业自身的学习和积累。

参考文献

［1］国务院管理办 MBA 教学指导委员会．"MBA"管理考试辅导教材（2003年）［M］．北京：机械工业出版社，2002．

［2］周泽信．现代企业商务管理教程［M］．北京：中国商务出版社，2005．

［3］科特勒．营销管理（第10版）［M］．北京：清华大学出版社，2001．

［4］Peter Buckley and Mark Casson, the Future of the Multinational Enterprise, 1976, p. 128.

---

① 普拉哈拉德·哈默．公司核心竞争力［J］．哈佛商业评论，1990（5）．

［5］詹姆斯·钱皮. 企业 X 再造［M］. 北京：中信出版社，2002.
［6］曾玉萍. 动态系统视角 T 的多元化企业竞争力［J］. 新华文摘，2005（3）：127.
［7］普拉哈拉德·哈默. 公司核心竞争力［J］. 哈佛商业评论，1990（5）.

（本文发表于《现代财经》2007 年第 3 期，作者周泽信）

论科学管理的制度价值

——纪念泰勒《科学管理原理》面世100周年

100年前,在美国东部工业重镇费城,一位普通技工成长起来的工厂管理者弗雷德里克·泰勒看到,在已经实施了大规模机械化生产的工厂里,管理者依然凭借传统方式从事管理,生产现场陷于凌乱而无序的状态,浪费严重;工厂主无视工人的权益,依然采取以惩罚为主的强制式管理,工人则以消极磨洋工对抗雇主,生产效率受到严重影响。泰勒意识到,传统的管理方式(制度)必须变革了。自1881年,他以严谨的科学精神、饱满的变革热情,通过大量现场的调查研究和缜密的科学实验,以现场劳动管理的科学化为突破口,历经30余年,在劳动者劳动标准化计量、定额管理的差别工资、工具的改进、造就新一代工人、管理者职业化等方面确立了全新的"科学管理制度"。这个全新的制度一经实施,劳动者生产效率迅速得以提高,工厂的管理为之一新,其影响深入人心。管理大师德鲁克曾这样评价这个制度:"自从泰勒开始以来,生产力每年以3.5%~4%的比率提高,这意味着每18年翻一番,至今所有先进国家的生产力提高了大约50倍,在这种前所未有的扩展之下,发达国家的生活水平得到了巨大的提高。"

近20余年以来,当我们将西方企业管理理论与方法引进中国之时,某些人隔断了科学管理与行为科学管理理论发展中的内在联系,将"经济人"与"社会人"的观点置于对立的状态,草率地将科学管理无端视为非人性化的管理;还有某些人在众多时尚管理理论面前,忘却了企业管理中最基本的内部工业秩序的构建和管理仍是生产效率的灵魂这一不变的逻辑。20世纪80年代,我国著名的管理学大师马洪、孙尚清先生在《现代化管理百科全书》中就曾告诫人们:"在今日西方世界,有许多学者面对西方颓废的思想大潮疾呼,要恢复到科学管理的时代去。"我想这正是我们在纪念泰勒《科学管理原理》面世100周年之际要关注的。

一、科学管理的里程碑意义

在工业化的进程中，选择了自由竞争的美国，企业必须不断精心培育和打造新的竞争力。为此，他们以自己的勤奋和智慧，不仅从新技术、新发明、新装备提升竞争力，而且在实践中不断变革企业管理制度和方法，从软的方面推动工业发展。19世纪末期，以大规模生产线装备起来的大公司涌现，标志着进入了"规模"竞争的时代。我们知道，"规模"竞争虽然减少了交易成本和生产成本，但是却面临着内部组织管理成本的加大，否则效果依然会受到影响。例如，当机械设备大范围应用，工人则必须依附于机器而增大劳动强度和难度之时，工人的积极性受到了新的抑制；当组织内部各部门授权相对独立运营之时，组织内部流程更为复杂，管理秩序的重要性更加凸显等。正是在这种背景下，泰勒以其敏锐的眼光，看到了构建新制度、新秩序的重要性，他以职业化的责任感和饱满的热情投入了创建新制度的现场研究，并取得了深刻影响了后人的巨大业绩。

1. 将传统工厂管理方式推进到有序的科学管理

在19世纪末20世纪初美国工业转换时期，泰勒在工厂里看到了令人焦急的状况：一是原材料、配件、工具等供应不能适应生产计划，时而供应短缺、时而过剩，造成浪费严重；二是生产工艺流程凭经验控制，而无严格的标准控制，残次品率居高不下；三是工作现场工具、设备半成品等堆放凌乱，增加了无效劳动；四是生产流程缺少时间计划的控制，形成浪费；五是后勤保障不力，严重影响生产等。

泰勒意识到必须在工厂内尽快构建一套全新的管理秩序、管理纪律。而这个新秩序别无选择，只能是构建在与新生产方式相适应的科学管理基础之上。他告诫管理者："在科学管理制度下，管理者要承担过去想都不敢想的职责。例如，管理者要负责把工人已有的传统知识汇集，加以分类、制表并编成规章制度和操作规程以有助于工人日常工作，这是管理者自身要承担的新的繁重任务。"为此，他积30余年，倾尽全力投入研究并完成了新秩序的构建：①确立了不同工种、不同部门、不同岗位员工现场操作的每一个动作的科学方法，使之规范化和标准化，从而节约了员工的体力和劳动时间。②确立了在满负荷运行状态下现场各部门、各岗位及工人与生产流程中每个单元之间的新合作、协作关系，并将之制度化加以固定，充分发挥了员工与机器的内在潜力。③确立现场监管者与员工之间的新的合作关系，使其构建在规章范围之内，保障了职责的清晰。以上变革，使组织内新的秩序得以确立，降低了管理成本。

2. 将传统的无标准的劳动管理推进到以标准工时为基础的定额管理

现场工人劳动数量、质量的度量历来是一个难题，传统工厂里推行的"计时工资"、"计件工资"制，看似公允，其实质并不能反映公正、公平。如何解决？泰勒意识到困难重重，但又必须解决，否则工人现场劳动积极性仍然受到抑制。他注意到没有捷径，经验告诉他解决这个问题的路径只能是建立标准化的制度。自1881年开始，他亲自带领实验人员在车间、车床旁、仓库内、装配现场、物料场，细心地将每一工种、每一工位、每一岗位操作工人的工作分解为一个个小单元，将工人使用的工具、材料、配件、设备确定在一个标准的环境条件之内，用秒表计算操作工每完成一个个单元的合理的时间，足见其用心之良苦，研究之严谨。倾尽30年之心血，终于完成了工厂内劳动者劳动实现了"多劳者多得心悦，少劳者少得心服"标准化体系的研究，制定了科学的劳动定额，以此为基础建立了差别工资制度。

以标准定额为基础的差别工资制度，反映了雇佣劳动制度内工人劳动态度的本质——劳动付出与所得的正相关关系及公正、公平的分配。从而消融或减轻了新环境内工人与资方的对立，促进了效率的提高和生产力的发展。

3. 将履行监管职能的现场经理推进到专业化、职业化经理阶段

20世纪初，美国大企业的涌现和公司制度的渐趋成熟，导致传统组织发生了深刻变化：一是生产技术、工艺、设备专业化程度、技术化程度更高；二是外部市场环境也变得复杂和不确定性增大；三是组织内部结构层次、专业化部门更多。因此，传统的经理仅凭经验管理已受到专业知识、技能、经验局限性的挑战，现场经理已力不从心。泰勒敏锐地看到了这个变化，在周密调查基础之上强调传统现场监管的经理必须要适应变化，完成向职业经理的过渡。他在书中一再强调："管理者要承担过去想都不敢想的职责。"我们知道职业经理制度是现代公司制度的重要特征，而其中委托—代理制度最困难的是职业经理的聘任（激励与约束机制构建），即如何界定委托人与代理人之间的责、权、利关系，传统的道德承诺、宗亲承诺已不足取，只能由法律来确定，从而才能维护双方的利益。一经运用法律，问题又出现了，沿袭传统的模糊的经验估量是行不通的，权益的数字化才能保证责、权、利的合法化。显然，科学管理为其提供了前提，提供了经理职业化实现的条件。从这个意义上来说，科学管理是推进职业经理制度成熟的科学手段。

总之，泰勒正是从以上三个方面，即规模化生产体系内的生产秩序、雇佣制度内工人的人性本质、组织内经理职业化等，遵循企业与企业管理的内在逻辑，在20世纪初将企业管理推进到科学化阶段，开创了人类工业化以来的先河。

二、科学管理制度的价值

1. 科学管理制度的人本价值

每当谈到泰勒科学管理之时，人们普遍承认泰勒的科学管理是卓有成效的，

但又不得不指出科学管理是建立在非人道基础之上的,是将有血有肉的工人当作了机器,是对工人权益的剥夺。难道真的是这样吗?显然这是对科学管理理论的严重误解。

著名管理思想家林德尔·厄威克在其著作《管理备要》中向人们指明:"泰勒的工作遭到了别人的误解,认为他提出的管理方法是用来压制工人的,这对他来说是不公正的。因为他从早年到晚年,几乎勤奋的一生都是献身为工人服务的。"

20世纪初,就在《科学管理原理》出现前后,法国企业家法约尔创立了企业经营管理理论,著名论断是高层管理者的"14项经营原则";德国思想家韦伯创建了"行政组织理论",第一次提出了"科层组织的有效性"等。应该说这些理论都是应工业化进程中的变革,围绕着西方大规模工业化以后,亟须构建新秩序而出现的。他们都有一个共同点,即强调工业组织在规模扩张以后管理中的集中、纪律、统一和控制。目的在于减缓出现的冲突,协调内部出现的新问题、新矛盾,提高运作的效率。此时的泰勒凭借长期积累的工厂管理经验,理性地注意到了构建新秩序必须与人性化、科学化相联系,从更深层次思考着秩序、人性、科学性三者之间的关系,特别关注着工人在组织变革中与资方关系的变化。他一再申明,现代工厂内的科学计量不是对应科学计量,而是在新的生产方式内改进操作,是在不增强工人劳动强度前提下提高工人持续获得劳动能力的手段,从而使工人在创造更多财富的同时获得更多的物质收入。通过选拔培训工人、改进操作方式、改进生产工具等制度变革,确保工人的权益得到保障;泰勒通过科学操作方式的研究,确立标准工作定额,差别工资制度的构建,确保工人的权益在一个公正、公平的环境内得到保障等,从而使工人在人性得到关怀的前提下,激发他们持续工作的主动性,从而协调了工厂效率与人性间的关系。为此,我们可以说,泰勒从开始就注意到了工厂必须保证生产效率,创造更多财富,同时工人在劳动中的权益又必须得到保障。传统的对立的劳资关系,必须在保障效率的前提下得到改善。因此人性化管理必须有,但人性化管理又必须服从于组织秩序要求的生产效率。这样,泰勒就用制度将生产效率与人性管理衔接了起来。

20世纪30年代"霍桑工厂实验"之后,有人曾对泰勒"经济人"假设提出质疑,对"人际关系"发生了兴趣。接着是行为科学的"强化理论"、"期望理论"、"公平理论"。到了1956年马斯洛作为心理学家阐明了人的需求的多样性、层次性,使管理者对劳动者需求有了更新的认识。到了70年代巴特利特提出了"对个人价值的坚定信赖"是公司进取之本等。这些学说的出现是企业管理理论发展的必然,是在传统理论基础上的创新和发展。从这个意义上说,它们并非是与泰勒"经济人"假设的对立,而是对传统理论的继承和完善。所谓"行为科学"对泰勒"经济人"假设的批判,其目的不是在指责而在于针对"经济人"假设的缺陷做出更有价值的修正,从而为企业管理中人性化管理提供多样性的选择,促进企业的人性化管理水平。一句话,泰勒科学管理制度强调加强劳动管理,注意提高员工的经济收入是内含着对劳动者人性关怀的,它与行为科学的人性化管理并行不悖,是企业人性化管理的基础。正如在美国,当1938年最低工资标准仅为0.25美元/工时时,高层次的马斯洛的"社会人"的管理方式可能与效率更为匹配。也正如当代中国,在富士康生产线的装配工,他们需要的可能是每月1500元人民币,或者再多一点的物质鼓励,而在上海陆家嘴金融大厦里的白领们,需要的可能是对他人格的更多的尊重和业绩的首肯。以上例子中的差别仅在于形式的不同,而共同的都是对劳动者的关怀。

总之,我们应该还泰勒一个公正。在具体组织内人性、人性化管理并非是抽象的,应该是具体的,这个具体又是必须服从于生产效率的。在泰勒高度关注着秩序和生产效率的同时,并没有冷漠了工人,相反以极大热情帮助工人提高物质收入,是他将工人每天平均所得从1.15美元提高到每天1.88美元。

效率和人性关怀是互为因果的关系,泰勒正是在此点上给了后人重要的启示。也正如制度经济学家诺斯所说,看到一个新的制度是不是好的有两个条件:一是分工后企业组织整体经济收入是否大于分工前,二是分工后劳动者工资收入是否大于分工前。当一个具体企业在实行新的分工后,其新的生产方式引发的生产成本降低、利润增加了,并不能立即断定这是个好的企业制度,要看是否将增大利润中的一部分还给工人。如果没有,劳资矛盾等在新制度内不会减少反而会增大,生产运作中的矛盾就会层出不穷,组织的交易成本增大,从而抵消降低了的生产成本。泰勒正是在这个问题上,以新制度的实践为后人提供了经典的样板。

应该说是泰勒在100年前,第一次将生产效率与人性化管理用科学管理制度将其衔接了起来。摆脱了传统工厂里只重效率不顾人性的非人道管理,将企业管理推到了现代化阶段。

2. 科学管理制度的科学价值

1973年奥地利工程师格拉姆发明了运用于工业生产的电动机之后,人类工业、工业化进入了一个崭新的阶段。20世纪初,美国已经超越欧洲成了世界上第一个工业大国,规模化的大公司不断涌现。经历了科学技术深刻影响和理性主义思想熏陶的泰勒,在长期观察了传统企业之后,他意识到建立不久的这些大型工厂存在着不适应新技术、新设备、新工艺、新的生产方式的管理方面的问题,表现在以下两点:①工厂内部管理缺乏计划,导致凌乱而无序,浪费严重,工人劳动管理混乱;②工厂的管理者缺乏专业治理能力,仍然凭经验管理,导致先进生产工具、设备不能发挥应有作用。为此,他认为必须构建新的管理制度,以适应新的生产技术、工具等带来的新变化。

例1,当他看到在传统工厂管理之下,管理者与工人严重对立,降低了生产效率时,他并没有从传统的经验之中去寻找解决的办法。他的悟性告诉他,如果依经验做出判断,雇主握有经营权,从某种意义上说他是企业的主人,他有权动用资源,居高临下以惩罚为主进行管理,逼迫工人增加劳动强度和延长工时,甚至不增加工资,以保证利润的增长,显然这个逻辑的结果是工人依然会消极对抗,可能手法更隐蔽,造成两败俱伤。"悟性"使他另选思路,为此他说:"科学管理不是一种有效率的方法……科学管理实质上包含着要求在任何一个具体机构工作的工人进行一次全面的心理革命,没有这个心理革命,科学管理就不可能存在。"所谓心理革命就是思维方式的革命。显然这是理性的,是立于科学观念基础上的。依此所构建的管理制度,特别是薪酬管理制度,在北美及欧洲的实验,如福特公司的管理实践都证实了泰勒所创造的企业管理具有了科学管理的第一性质,即管理方式、方法的普遍意义。特别是在经过了罗斯福新政之后,泰勒的管理依然闪耀着普遍意义的光辉。显然,泰勒的企业管理制度内在地反映了思维与存在统一的科学性质。

例2,当他看到在传统工厂管理之下,工作现场的工位与工位、工序与工序、岗位与岗位,以及工序之中的工人与工人之间并非是以生产流水线、生产工艺、技术构成的上下、前后有秩序依次循环往复形成一个快速、安全、节约的系统之时,他的变革设想就与传统的经验管理者相背而行了。他决定在工厂里构建新的秩序,而这个新秩序的基础是立于机器化生产基础之上的,是与不断进步的机器化生产过程相匹配的。这个新秩序就是我们在此要强调的科学含义中的可以计算的精确化。

泰勒在他的著述中说:"作为一个诚实的人,我告诉他们,如果我处在工人的位置,我也会反对更多的任务,因为过时的计件工资制度已不可能让他们挣到更多的钱,反而会使他们更辛苦、更劳累……我下定决心以某种方式改变现行的管理制度,以使工人和管理者利益达到一致。"他的经验告知他,解决这个问题的最大障碍在于"计件工资的标准"。为此,他进行研究的第一步就是做两类实验:一是由生理学家研究工厂内工人的劳动的耐久力;二是请力学工程师计算工厂内一般一个人力相当于多少马力。为此,他通过实验取得了大量的数据,并在取得数据后做了不同状况下的计算,为工厂内工人的"自然的体力能力"确立了一个适用的标准。研究的第二步是确定每个工人每天能完成的最合适的工作量。实验将一个个完整工序拆解,分成一个个小的单元,试验人员借助秒表测试

企业改革的演进与逻辑

工人完成每一个单元所需时间,并将"所有与工作有关的因素,凡是能影响结果的因素都加以详细记录和研究",最终确定一个工人发挥到最佳水平时,一天内能付出多少"英尺磅"①。又经过了几年,试验的第三步开始,"这次我们不遗余力,以便将试验做得更彻底一些。将研究对象的每一个细微因素都仔细记录下来加以研究,将所有数据换算成每人每天所达到的最大'英尺磅'"。结果出来了,即一个工人每天"自然的体力内能力"② 与劳动形成的疲劳之间没有直接关系。似乎试验可大功告成了,可以将每一个工人每天在不形成疲劳的状态下可以完成的工作量标准化了。但泰勒仍然坚持试验应更可靠、更精确,于是他又请了著名数学家卡尔·G. 巴斯先生,将积累的实验数据精心设计、计算,并从中归纳出一般规律。巴斯先生做到了,发现工人劳动过程中的一般规律,即工人自身所具有的"马力"③ 与劳动疲劳之间的关系。

获得了这个重要的科学规律,本可以喜出望外了,但泰勒仍坚持认为还有许多试验有待完成,于是他又将研究成果投入到实践中去检验,以便获取更为精确的数据证实研究成果。一个工人每天工作的标准工作量就在这个科学的基础上得以确定。标准工作量的科学确定给了工人信心,效率很快提高了。新制度推行前后的对比如下。

	原有的管理	科学的管理
工厂中工人数	400~600 人	140 人
每人每天完成长吨④数	16	59
每人每天平均所得	1.15 美元	1.88 美元
搬运一长吨费用	0.072 美元	0.033 美元

例3,更为引人注目的是金属切割的科学试验,为了找出车床刀具切割速度与刀具吃刀量对效率的影响,从而为此设计新的工具——计算尺。科学实验进行了 26 年,使用了 10 台试验车床,详细记录了 3 万~5 万次试验,80 万磅以上钢材成了碎屑。实验的前 11 年解决了影响车床效率的 12 个变量,在大量实验数据基础上构建了 12 个数学公式。在此列举三个。

---

① 英尺磅,功的单位,1 英尺磅 = 1.356 焦耳。
② 最大英尺磅能量。
③ 英尺磅能量。
④ 长吨:英制重量单位。

$$P = 45000 D^{\frac{14}{15}} F^{\frac{3}{4}}$$

$$V = \frac{90}{T^{\frac{1}{80}}}$$

$$V = \frac{11.9}{F^{0.665} \left(\frac{48}{3} D\right)^{0.2373 + \frac{2.4}{18 + 24D}}}$$

以数学方法表述了切割规律之后,还要将此应用于实际车床工作之中,为此泰勒又付出了15年时间,终于设计出了计算尺。用他的话说:"使用这个计算尺,任何优秀的技工,即使他不懂数学,都能在不到半分钟时间内使某一复杂问题得到解决。"看得出,效率就是这样在科学研究基础上得以不断提高的,正如泰勒所说:"对比我们早期进行的实验并按照科学原则操作机器,最慢的也比原来快2.5倍,最快的高达9倍。"

泰勒在100年前创建的工厂管理制度,在科学的含义方面不仅内在地反映了管理者思维与管理对象之间内在的统一性(管理者与工人之间矛盾是可以通过科学方法解决并实现的),而且通过严谨的科学试验和精密的计算是可以揭示工厂内生产要素的本质的(工人、工具、机器内在的潜能是有规律的,是可以不断被发掘的)。而这正是泰勒向世人昭示的新的管理制度内涵的科学价值。

应该说,是泰勒在100年前第一次将工具的科学性和管理的科学性用科学管理制度衔接了起来,摆脱了传统的只重视工具科学性而不重视制度的科学性的状态,将企业管理推到了现代化阶段。

综上,通过科学管理的价值,感受到泰勒科学管理的魅力在于:当工业化进程中一个变革时代到来时,泰勒站在了最前列,在现实中理性地把握了变革的方向,将秩序、人性、科学等管理的基本元素融在了新的管理制度内,化解了新的矛盾,反映了企业管理的内在逻辑,从软的方面显示了制度的价值。当改革开放经历了30年,我们成为"世界工厂"之时,科学管理制度提醒我们:①要想提高生产效率,必须优化企业人性化管理;②仅仅注意生产工具的优化只能是事倍功半,构建科学管理制度才能事半功倍。

参考文献

[1] 弗雷德里克·泰勒. 科学管理原理[M]. 北京:机械工业出版社,2007.

[2] 彼得·德鲁克. 新社会[M]. 北京:机械工业出版社,2006.

[3] 马洪,孙尚清. 现代管理百科全书[M]. 北京:中国发展出版社,1991.

[4] 罗珉. 新现代泰罗主义评述 [J]. 外国经济与管理, 2005 (4).
[5] 汪建丰. 试论早期铁路与美国企业的管理革命 [J]. 世界历史, 2005 (3).
[6] 陈宣良. 理性主义 [M]. 成都: 四川人民出版社, 1988.

(本文发表于《现代财经》2011年第6期, 作者周泽信、宋玉刚)

怎样写好毕业论文

财经院校学生毕业论文,是指应届毕业生全部课程结束后,在教师指导下,运用已经掌握的知识和方法,对经济领域中的客观事物和现象,直接发表看法和评价,并具有一定学术价值的文章。它既是学生自己对全部学习过程中已经掌握的专业知识、具备的分析能力的总结,也是学校对学生进行的最后一次考核。因此,指导好学生写好毕业论文就成了高等财经院校教学过程中最后一个重要环节。

经济类毕业论文同其他经济论文一样,是人们运用掌握的理论知识、技能,对经济现象或经济理论表述自己观点的一种手段,其目的在于推进经济理论发展和揭示经济现象运行规律,从而指导经济实践。与经济论文不同的是毕业论文还同时作为一种考查手段存在。为了帮助同学们写好毕业论文,顺利通过考查,我们归纳了写作时应该注意的几个问题。

一、选题与立论要缜密

论文选题,是指作者选择什么题目,从而确立自己所要论述的主题与基本内容。根据经验,我们认为应该注意以下几点。

第一,要与专业相联系,毕业论文写作是学生将所学专业知识进行的一次综合运用,只有联系本专业范围内的理论和知识,才可能准确反映学生所掌握的专业知识的深度与广度,从而才能反映学生专业的成绩。学生也要看到,选题与本专业联系,正是发挥自己专业优势,进行比较深入的研究和探讨,提高自己专业水平的一次机会,有利于写出有水平的文章。因此,需要提前做好准备,包括回顾专业知识,翻阅资料,征求指导教师意见等。

第二,要与自己的特长相联系,同学们在专业范围一般都有自己热衷研究的一些问题,平时为此就曾有针对性地翻阅和积累过一些资料,也有过初步探讨,这些都为选题创造了有利的条件。因此联系自己的特长选题,可以使研究的问题发掘得深一些,有更好的机会写出有说服力的、有价值的论文。

第三，要与实际相联系。联系实际不是就事论事，它有两条路子：其一，用正确理论去论证经济实践，从而验证经济实践的内在规律，更有信心地用理论去指导实践；其二，对经济现象的特征进行系统的归纳和分析，抽象出新的理性认识，提出自己的新的看法，更好地去指导实践。这两条路子相辅相成，目的都是为了正确地指导经济实践、推动经济发展。

选题与立论是并列的。选题意味着确立作者论点，而论点正是选题所要实现的目标。论点，是作者思想的集中表现，是作者通过阅读大量资料和实地调查之后在头脑中形成的。而立论则是作者运用科学的方法，将资料进行加工，通过文字对论点进行论证的过程。而在论证之前必须注意论点是否正确，这是攸关重要的。观点正确与否，是文章是否具有价值的基础。正确的观点必须符合以下几点要求：①坚持马克思主义基本原理，坚持四项基本原则；②符合我国国情，顺应改革的方向；③确立观点的资料要真实，论证过程要严密，结论不是在随意假想中得出来的。

可见，选题除必须注意三个联系之外，还必须注意与选题有关的立论问题，及立论要正确。

二、资料收集要丰裕、翔实，资料整理要围绕论点

资料，是论文写作素材，没有足够而翔实的资料是难以写出好文章的。这是因为：①经济论文不同于一般的工作总结，它要求在占有大量资料基础上，将具体问题、现象的内在规定抽象出来，上升到理论高度。这就要求有严密的论证，而论证的基础是论据，论据则是占有的大量资料。②资料是构成文章实体的素材，没有足够而翔实的资料，文章是不可能有说服力的，只有当大量经得住推敲而翔实的资料作为论据，论证才有说服力，观点才能立得住。

资料有三方面来源：①党的方针政策和经典著作；②现有的研究成果；③社会经济调查。其中社会经济调查是获取第一手资料的必要手段，也是实现文章联系实际的必要手段，一篇有价值和引人注目的文章都是以占有第一手资料为基础的。这里提醒同学们在调查中要注意，选择有代表性的地区和单位进行调查，调查中要使获取资料具有代表性，调查务求深入。

搜集资料只是准备资料的第一步，整理资料才是收尾，整理资料就是我们常说的"去伪存真"的过程。如何做到去伪存真，关键在于要把与观点不相符的资料舍掉，然后按题材分类，继而对资料进行文字加工，备作论据使用。而要做到此点必须先做到以下两点：①作者必须对观点很清晰，有充分把握认识到观点是立得住的，从而才可能把各项资料统率起来，明辨该舍的和不该舍的。②作者又必须善于把握立论过程中必须具备的足以证明论点的资料。从而在搜集开始时

就带有目的性。

三、提纲拟定要注意层次和结构

拟定写作提纲,目的在于将以论点而统率起来的资料再次加工,有层次、有系统地将整篇文章的各个部分总纂起来,形成一个整体。一般说,拟定提纲就是围绕自己的论点,把全文分作几个部分(或叫层次),然后将各部分组成完整的结构,以保证文章结构严谨。所谓严谨就是文章开头、中间论述、结尾要有机地联系起来。一是要紧紧围绕论点安排段落、安排层次,使论点成为贯穿全文的主线,要求提纲中各段、各层次的内容都不偏离主题。这就是各段分论点与中心论点的统一。二是要保持层次分明,井然有序,各个层次间有着内在的必然联系。这两点是提纲拟定中的基本要求。

经验告诉我们,有些同学不注意拟定提纲,或草草拟定,或干脆不拟定,以为没有提纲照样能写出好文章,其实这是误解。不写提纲的同学往往造成两种情况:或者难于将资料有层次地归纳,写完后增加修改次数,耗费了更多精力;或者读者纵观全文感觉好似一团黑墨,难以分辨文章观点,也就失去了文章的价值。

提纲拟定需要注意以下顺序:①拟定标题。即用简洁、鲜明的文字概括文章内容,以达到使主题突出、名符其文。②写出论点。集中、概括地将自己文章的观点表述出来,目的在于加深对论点的认识,以统率全文的逻辑结构。③组织好文章各个独立段落,写出各独立段落所要论述的分论点以及各分论点与中心论点的关系。④组织好全文的逻辑构成,实现各大段落之间的有机联系,以论点贯穿全文。⑤最后检查,做必要的增删、调整。

四、初稿撰写与最后定稿

初稿的写作需要注意两个问题。

第一,从起笔到停笔,作者思路必须保持清楚。为此要注意如下顺序:绪论部分、本论部分、结论部分的贯通。

绪论是说明作者研究这一课题的理由和意义。这一部分要开宗明义,问题的提出要明确、具体,不能拖泥带水、含含糊糊。作者还可以在这里向读者交代研究的方法以及论证过程的层次,以加深读者对全文的印象。

本论是作者展开论题,表达作者研究成果的部分。它是文章的主体,文章有无价值,本论起决定作用。论证过程一般有两种形式:一种是直线推论,即提出一个论点之后,一步步深入,一层层展开论述。论点随着论述过程一步步移动,一直到最后;另一种是并列分论,即把从属于文章论点的分论点并列起来,一个个分别加以论述,从而证明文章基本论点。而在论文写作中,两种论证形式是相互结合使用的。因此,作者往往要注意加上序码或小标题,以使眉目、层次清楚、便于读者阅读。

结论是文章的收束部分。它通过作者对本论部分的论证过程加以论述概括,使读者明了作者的观点。这里值得注意的是结论得出的观点必须是绪论中提出的,也是本论中论证的自然结果。论文最忌论证不充分而随便得出一个结论。作者在下结论时仍应回顾全文的论证过程,要保持首尾一贯。

第二,从起笔到停笔,为保持完整,应该是一气呵成。

初稿一气呵成最大的优点即在于能保证作者在书写过程中紧紧围绕论述的主题,依照提纲的结构将思想表述出来。当然这对较短的论文容易做到,而对较长的论文则可以采取部分地一气呵成。例如可以以小标题作为划分部分的标准,每写一部分前集中思考这部分内容和要表述的思想,然后动笔一气呵成,再写另一个小标题的内容,全文写毕再经过通读修改,该删则删,该增则增,该改则改,再一气呵成为文章整体。

初稿完成后,最后即是定稿了。这里一般要注意以下几个问题。

第一,观点要鲜明。定稿时,应对自己要表述的观点,再一次在头脑中回忆,以便对初稿中存在的问题保持清醒的分辨能力,及时修正完善。

第二,方法要推敲。定稿时仍然要对初稿中问题表达的方式继续进行推敲,因为初稿往往是我们在文字上对观点比较匆忙的表述,方法上不尽完善,理解上也不尽省力,那么在定稿时就很有必要仔细想一想文章如何更容易使读者理解和接受。这就要对使用材料,论证过程,开头说什么,接着又说什么,怎样能既富有层次、条理地一步步地展开,又要能够引导读者开阔思路,一步步地理解、接受自己的观点,因而必须讲究方法。

第三,文字表达要明快准确,学术论文的描述不是日常生活的事件,而是科学理论,因此要求文字描述具有严密性、准确性、逻辑性。

总之,毕业论文与一般论文写作一样,都要经过选题→搜集资料→拟定提纲→初稿→定稿这样一个过程。我们在这里仅仅对以上过程中应注意的问题做了些总结,而要真正理解以上过程在写作中的重要意义,就需要同学们在实践中体验了。

(本文发表于《财经高教研究》1986年第3期,作者周泽信)

施教之功　贵在引导

几年来在党组织的培养和同志们的帮助下，在自己的教学实践中，对如何提高课堂教学效果有了一点认识。借此机会做一总结与大家共勉。

我是讲授专业课的，对象是商业企业管理专业高年级学生，他们经过两到三年系统的基本理论和基本知识的学习，已经具备了较好的知识素养。因此，专业课教师的教学，一方面需要继续在课堂上和实践中讲授基本理论和知识，另一方面不可忽视的是需要引导学生独立思考、培养他们解决问题的能力。要做到这一点，必须注意在课堂讲授过程中，将分析问题、解决问题的方法转化给学生。下面仅就这个问题谈点自己的体会。

比如，我在讲授《商品经济学》中"经营决策"概念时先向同学们介绍了教材中有关决策概念的表述："决策是人们为了实现决策目标而拟定多个方案，并从中抉择一个最优方案加以实施的过程。"我在备课中认为有关决策概念的这种表述并不完全科学，并没有科学地规定出决策这种经济行为的内涵。因而当我讲到这个概念时，有意识地引导学生独立分析的能力。向同学们提出了有关这个概念的内涵表述是否科学的问题，引导学生们将思维由被动转为主动。

首先，我对教材中有关决策概念表述中存在的问题提出自己的看法：第一，这种表述者，只是对决策外在现象的罗列，并没有对这一经济行为进行抽象，从而本质的东西没有被规定出来；第二，这种表述只描述了决策的客观过程，没有揭示出决策是一种主观和客观相统一的过程。因而以上表述并没有揭示出决策在经营中的重要地位。讲到这里，课堂气氛开始活跃了，有的同学已经在小声议论了。我停顿了片刻，从同学们表情热烈的反馈信息中，我意识到他们的思维进入了更高的层次。

接下来，我反复强调了认识经济现象的重要方法是马克思辩证唯物主义方法。没有这个方法，即没有对客观事物进行抽象的认识方法，是不可能对经济现象做出科学的规定的。同时指出，教材中对决策概念的表述之所以不科学，就是因为分析决策行为的方法不对头：其一，对决策这种行为缺少"从具体到抽象"

的认识过程,仅仅停留在从具体到具体的认识,从而把握不了决策的本质;其二,对决策这种行为缺少矛盾主次的分析,从而没有揭示出决策的客观行为是主观活动在实践中的反映。因而没有突出主观活动中决策的作用。

讲到这里,方法也就被"引导"了出来。同学们不仅对决策概念的内涵加深了认识,而且通过对具体问题具体分析的"引导",使同学们对马克思的辩证思维方法又一次得到了印证,尝到了从具体到抽象认识经济现象的甜头,懂得了理论对于实践的指导意义。

"经营决策"概念分析的一堂课结束了。课下同学们反映:看来作为本科大学生,在课堂上不能死记硬背,必须具备独立思考的能力,而这个能力的获得是科学的思维方法。只有具备了方法,今后在工作中才可能正确地用学到的知识去指导实践。

当然,通过上例教学实践,我也体会到:教学过程中不论是课堂授课,还是实习教学等,教师都要善于启发学生独立思考问题,引导他们发现问题、分析问题、解决问题,为他们提供方法。一位著名教育学家说得好:"一个一般的教师是奉送真理,一个好的教师是教人发现真理。"教人发现真理,就是教人方法。教学过程中尽管方法多种多样,其最重要的东西,是教师要善于充分调动和发挥学生的认识能动作用,而"引导"正是实现这个目的的重要力法。

(本文发表于《财经高教研究》1986年第1期,作者周泽信)

MBA《管理学》课程教学体会

"MBA"自1998年第一届招生以来,我接受命令承担《管理学》授课任务。对于这几年的教学,我有几点体会。

如何讲好这门课,并不断提高讲课水平?毋庸置疑,根本问题在于教师的责任心,在于教师的投入。当然离不开方法和经验。

《管理学》是"MBA"教学计划中主要的基础理论课(专业基础)。它在培养学生知识、能力结构中占有主要位置,可以说是奠定学生管理思想的理论基础课程。它在学生两年半的学习过程中对知识递进、知识完善起到了基础作用,关系到工商管理学专业学生知识结构能否稳固,专业方向能否稳固确定,从而保证了培养目标与确认的教学计划一致性,实现培养目标。

我认为《管理学》课程是重要的,责任是重大的。授课以来我注意以下几个问题,使之能够与提高教学质量的目标结合。

第一,将课程内容体系中的基础内容与当前管理理论发展前沿结合,使之能与现代企业发展实际联系。如讲授"组织职能",组织职能部分在传统教科书内其地位次于计划职能,一般在授课中并不突出。但是,前沿的理论知识和发展现象,如20世纪90年代中期以来跨国公司大规模重组、兼并,组织职能已经提升到必须适应全球化发展的趋势了。现代企业组织职能中的组织架构、集权与分权的态势、组织制度建设中的激励制度、虚拟的组织结构等均于传统教科书内容不同了。对此必须及时在自己的研究中将其融于教学,细心查找更多的资料,将资料细节给予学生,以提醒学生注意兼并重组后组织职能已发生变化:①组织职能在调配企业资源空间方面已经发展全球范围内了;②组织职能调配手段更加现代化,网络技术成了必然手段;③组织职能中的组织结构更复杂,出现了虚拟组织类型等。

第二,将课程内容体系中的主要理论的思想与历史发展的阶段逻辑联系起来,引导学生正确地把握理论与实践的关系。如管理理论中的人本主义思想从20世纪30年代建立至今已深得人心,但不能离开历史发展阶段的逻辑去认识人本主义思想。工业化初中期，雇佣制度阶段、知识及专业技术人员在物质财富创造过程中次于资本作用时，是资本支配了分配；发展到知识经济，人本主义的管理制度有了发展，因为在创造物质财富过程中知识及技术专业人员高于资本，起到了支配作用。人本主义管理并非任何时期、任何条件内的有效管理，离开一定的背景也是无效的。据此推理，其他理论同理。

第三，将每一堂课的授课内容与实际中的有关案例、资料结合起来。管理学的理论部分一般来说是比较枯燥的，能不能将枯燥的东西转为学生感兴趣的东西，在于老师们的方法。其中的一部分内容与相关的企业实际案例、资料结合，就会加深学生的听课印象，取得好的效果。我每一堂课都有 2~3 篇案例、资料提前发给学生阅读，结合授课内容在课外讨论并在此基础上布置作业。当然，方法与效果不但需要探索，还需要自己付出努力。

（本文载于《天津财经大学 MBA 教学方法研讨会论文集》，2000 年）